JN078830

文化の型再考

森 貞彦

東京図書出版

謝　辞

　二十余年に及んだ『菊と刀』と『文化の型』の研究の重要な節目に当たって筆者は良き隣人北村裕子様に心からの感謝を捧げます。彼女は文化人類学の専門家ではありませんが、広い常識としっかりした学問への心構えを兼ね備えて筆者の著書を次から次へと熟読してくださいました。拙著を彼女ほど熱心に読み、批評しかつ激励してくださった方は他にありません。本当に有難うございました。

は じ め に

─ 誰も知らない文化の型 ─

　ここでは R・ベネディクト（1887 − 1948）の数ある著書の内『文化の型』(1934) と『菊と刀 ── 日本文化の型』(1946。以下では特に必要な場合の他は副題を省略します) の二つについて特に注目すべき事柄を採り上げて筆者の見解を紹介します。彼女は、人間の社会にとってきわめて重大であるにもかかわらず人々が気付いていない事柄すなわち文化の型が存在することを知ってそれを説こうとしたのですが、それを率直に言い表すと事が極めて困難になるので、まるでパズルのような記述によって表現しました。それは冒険と言っても良いような事でした。もちろん、何故そんな事をしたのかはどこにも書かれていません。このため、ほとんどすべての読者は大きい誤解に陥りました。筆者はそれに気が付いて彼女が何故そんな無理をしなければならなかったのかを考えてみたところ、次の二点に気がつきました。

(1)　合理主義と結びついた個人主義に対する西欧人の信頼は強固で、それはもはや思想と言うよりは信仰と言った方が適切であると思われる。彼らは 17 世紀の科学革命以来理性が信仰に打ち勝ったと思っているが、実は古い宗教の代わりに十分こなされていない理性を信仰しているにすぎない。しかしこういうことを自覚している人はどこにもいないので、その信仰を打ち崩そ

うとするならばG・ガリレイが経験した危険に類する
ものが形を変えて迫ってくるのを覚悟しなければなら
なかった。

(2)　ドイツでは1930年代初期からナチスが急速に勢いを
伸ばしてきたが、彼らは当面の競争相手である共産党
がマルキシズムという格好の良い思想的衣装をまとっ
ているのに対抗するものを求めていた。それで彼らは
当時有名になったばかりのC・G・ユングがヒット
ラーの親友だと宣伝した。しかしそれは針小棒大の言
いぐさで、ユングにしてみると迷惑なことであった
が、相手がヒットラーでは逆らうと何をされるかわか
らないので辛抱していた。しかしこれはベネディクト
にとっては不都合なことであった。彼女の研究にとっ
てユングの心理学は大黒柱と言える程重要なもので
あったが、それを表に出せば彼女がナチスの手先であ
るかのように見られる恐れがあった。それで彼女はユ
ングの名を一切出さずに執筆せざるをえなかった。

　こういう情勢のために彼女はその二つの本をパズルのよう
なものにしました。もしそれがパズルであることがだれかに
知られれば、その人はあれこれと工夫を凝らして解くでしょ
う。しかし21世紀になるまでそれがパズルだとは誰も気が
付きませんでした。筆者はそれに気が付いたのですが、それ
は個人主義からも、合理主義からも、そしてもちろんナチズ
ムからも距離を取ることができる日本人であることが幸いし
たのです。

欧米人の社会で知的活動が自然科学偏重になるについては、17世紀にR・デカルトが発した「我思う、故に我あり」という、いわゆる「名言」が大いに威力を発揮しました。この合理主義的個人主義の思想は、西欧人の人生観にピッタリ適合して、彼らが産業革命を起こし、欲望を掻き立てて個人主義の堕落を招き、利己主義に満ちた世界政策を遂行する力の原動力となりました。20世紀から現在に至る期間に文明に関する難問とされたいろいろな事柄の根源にはこういう問題があるのです。それらは、先程言及した「名言」が信奉されている限り根本的に解決することはできません。それは個人を過度に重んじているからです。**個人でなく、社会に注目すべきです。**そしてまたそれは産業革命を凌ぐほどの規模の人知の革命がなければならないことを意味します。ベネディクトはそこまで気が付いていたのです。そして今筆者が書いているこのエッセイは、その革命に備えて、日本人として知っておくべき事の要点を掲げるものです。

目　次

1 文化の型とは何か

1・1 ベネディクトは文化の型の定義を明示しなかった

1・1・1 読者が選別される

　ベネディクトは『文化の型』という本を著していながら文化の型の定義を明示しませんでした。そのために現在に至るまでそれを知って居る人がほとんど居ないという有様でした。一人だけ例外的人物が居ましたが、その人のことは1・2節でご覧いただきます。

『文化の型』を開くとその第１章の冒頭に次の段落があります。

　　　人類学は社会の生産物としての人類を研究する学問である。この学問はある社会を別の社会に属するすべての他の社会と区別するような、自然的特徴、産業技術、慣習や価値観について強い関心を示している。

　誰でもこれを読めば文化人類学に関する一般的な説明だと思うでしょう。そしてここには無意識という言葉が一度も現れないので、ほとんどの人は無意識が全然問題にならないと思ってしまいます。しかしそれは間違いです。無意識は常に「他の社会と区別するような、自然的特徴、産業技術、慣

習や価値観」と強くかかわっています。そういう事に気が付かない人たちはこれから先を読んでも恐らく理解できないでしょう。

　筆者が想像するところでは、これはベネディクトが仕掛けた罠、あるいは落とし穴だろうと思います。「はじめに」で見たように、彼女の周囲には、学問的には取るに足りない敵が沢山いました。そういう連中を近づけないためにはこんな落とし穴を用意することにも意義があったのです。

1・1・2　落とし穴を越えられなかった人の例（その1）

　次に掲げるのは1989年に岩波書店から刊行された「岩波講座　転換期における人間」全10巻の10『文化とは』の第Ⅵ章「文化研究の方法」（執筆者は宮田登）からの引用です。

　　「文化の型」とは一つの社会に共有なものであり、ひとしく日常生活の中に内在している形式といえる。人の日常生活の一つ一つから類型的な生活様式をとらえようとする場合、その社会に特有の様式が発見できれば、「文化の型」はある程度は体系化できるのである。その社会に属する成員は個々人の立場から、文化を共有することを文化表現の形式として表すことにより一つの型を提示することが可能である。朝起きて顔を洗い朝食を食べてから仕事にでかける。一日働いて夕方に戻って食事をとり、やがて寝につく。という当たり前の日常生活について、私たちはこれらを生活文化として包括している。
　　生活文化は世代ごとに受け継がれており、そのさい、

少しずつ変化するが、繰り返していくプロトタイプの存在を多くの識者は予想する。変化のプロセスをたどり、たい積している外皮を採り除けば、自ずと原型が見え、それを抽出して「文化の型」を取り出すという作業が必要となる。

「文化の型」抽出の方法を考える上で、文化人類学研究として著名な業績の一つにルース・ベネディクト『菊と刀』という本の存在があることに誰も異存を唱えないだろう。この書物が戦後の日本文化の研究に大きな影響を与えたことは言うまでもない。(以下略)

ベネディクトの名を出していながら『文化の型』という書物については一言半句も触れていません。どうやら宮田はそういう書物が存在することすら知らなかったようです。しかもそれは宮田一人の問題ではなく、宇沢弘文、河合隼雄、藤沢令夫および渡辺慧といった高名な学者たちによって構成された編集委員会の問題でもあるのです。これは20世紀末期になっても無意識というものを全然考慮せずに進んで来た社会科学系の学問領域があったということを意味します。彼らの視野には無意識というものが存在しなかったとは考えられませんが、彼らの頭脳の柔軟性が「転換期」に対応できるものであったかどうかは疑わしいと言われても仕方がないでしょう。

しかしこれは日本人だけの問題ではありません。次項をご覧ください。

1・1・3　落とし穴を越えられなかった人の例（その２）

　ブリタニカと言えば世界的に名の通った百科事典ですが、それが今世紀に入ってもなお文化の型のことを次のように定義し続けてきました。

　　　ベネディクトが、彼女が取り挙げたいくつかの文化の気風や特質としてのエートスの相違を説明するために用いた操作概念。北米インディアンについてはニーチェの用いた概念を採用し、ニューメキシコ西北部のズニ族の精神的性向は穏やかで競争心が無く中道を生活原理としている「アポロ型」であり、平原インディアンおよび西部海岸のクワキウトル族の精神的性向は情熱的で競争心が旺盛で、優越を最高の美徳とする「ディオニソス型」であると名付けた。一方、東ニューギニアのドブ島民はパラノイア的性向であると分析されている。

　ここでも無意識は全然注目されていません。そのうえ『文化の型』より12年後に発表された『菊と刀』には明らかに「日本文化の型」という副題があるのにそれさえ無視されました。
　こんなことでは英語で書かれたものだからと言って尊重することは許されません。

1・2　唯一の理解者

　しかし世界中の読者が一人残らず誤解した訳ではありませ

ん。1949年に刊行されたE・ノイマン（ユングの高弟）の
『意識の起源史』の中の一つの段落には文化の型への言及が
あり、それは明らかに彼が文化の型の本質をしっかりと把握
していたことを示しています。

　　　融即状態における集団の一体性は今日の人々にも依然
　　として広く認められる。そのため、無意識的な「文化の
　　型」としてわれわれ一人一人の生と死を支配している心
　　的要素は、個々の天才の非凡な意識的努力によってのみ
　　徐々に意識化されるのである。確かに我々は人類がこれ
　　までに達成した最も進んだ意識発達の状態にある。しか
　　し、そのわれわれにおいてさえ個人とその意識的動き
　　は、依然として彼の所属する集団とそれを支配している
　　無意識の中にくみこまれている。（林道義の訳による）

　これは文化の型を正確に理解していなければ書けない文章
です。しかしながらこれに注目した文化人類学研究者は本書
の筆者だけです。

1・3　『菊と刀』における説明

「はじめに」および前々節で見た事情があるので、『文化の
型』を読んだだけでは、ノイマンのような特別の経験を持た
ない限り、文化の型を理解することは非常に困難です。ベネ
ディクトはそれに気付いていたに違いありません。そして
『菊と刀』ではいくらか解りやすい説明をしました。尤も、

そこでは「文化の型」という言葉は使っておらず、勉強不足の人たちには通じない話になっています。それで、いまだに文化の型が何であるかを大幅に誤解している文化人類学の先生が珍しくないという困った状態が解消されていません。

　それはさておき、彼女が『菊と刀』の第1章に掲げた文を見ておきましょう。

　　文化人類学者として私は、この上なく雑多な行動の断片が互いに何等かの関連を持っているという仮定から出発することもした。私は何百という細かい事柄が全体としての型に落ち着いていく the way を真剣に把握した。人間の社会はそれ自身のために生きる計画（design）を立てなければならない。その計画が状況に対応する一定の the way を承認し、状況を評価する the way を承認する。その社会の人々は承認された解を宇宙の根本であるかのように尊重する。彼らは万難を排してその解をまとめ上げる。生きていくための価値の体系を一旦受け入れたら、それと矛盾する価値に従う思想と行動を生きることの一部にするような区切りを設けようとしてもやがて無能と混乱に陥るのは必定である。人々はより一層の適合をしようとする。彼らは自ら何等か共通的理由付けと共通の動機づけを用意する。そこにはある程度の一貫性が必要で、それが無ければ体系の全体がバラバラになってしまう。

この引用文で 'the way' だけが英語のまま残されています

が、これはちょっと訳しにくい慣用句です。少々横道に逸れますが、それの説明をしておきましょう。年配の読者の中にはカラーテレビがまだ普及していなかった頃、ある洋酒のCMに次のような場面（動画）があったのをご記憶の方もあるでしょう。

テンガロンハットをかぶり、腰に拳銃を提げた男がバーに入ってきます。

　　　バーテン　何にいたしましょう？
　　　客　　　　何時ものヤツさ。
　　　バーテン　マテニーですね。

　この場合、「何時ものヤツ」が the way で、「マテニーですね」はその内容の確認です。

　ベネディクトの文にある 'the way' を「何時ものヤツ」と訳すわけには行きませんが、言い方はいくらでもあります。少々長たらしくなるのを許すなら「その集団で慣例になっている行動」というような言い方もあります。

　そしてまた問題の引用文にはもう一つ極めて大切な注意事項があります。そこで言われている「型」は文化の型ではなく、行動の型あるいは思考の型です。それは視覚と聴覚でわかるものです。それを注意深く観察しなければならないのは当然ですが、彼女が真剣に捉えようとしたのはそれ自体ではなく、いろいろな事柄がその型に落ち着いていく the way であったのです。その the way は研究対象になっている集団が生存するための計画（design）を反映しているに違いありま

せん。それは集団ごとに特色のある一定の型を持っていると考えられますが、それは視覚や聴覚で解るものではなく、多数の事例から抽出した the way を分析することによって、はじめて知られます。様々な集団についていろいろな条件の下での the way を把握し、どの集団にはどういう特徴があるかを突き止めることができれば、思考や行動の型ばかりに気を取られている人たちには見えない重要なものが看取されます。次の節で事例を一つご覧に入れますが、上に述べたプロセス全体を掲げることは出来ませんので、要点だけにとどめることをご了解ください。

1・4　The way の探索

　文化の型を探し出すのはどんな社会でも容易な事ではありません。その難しさの大半は the way の探索にあります。ここでは日本の文化を西洋の文化と比較する視点に立った場合の一例を見ることにします。

　『太平記』巻十六によると楠木正成が湊川合戦に敗れて自害を決意した時、弟正季と共に七度この世に生まれ出て朝敵を滅ぼそうと誓ったということです。筆者が初めてこれを聞いたのは小学生の時で、話をしてくれた先生は、これこそ日本の武士に特有の心意気だというような説明を加えました。昭和17（1942）年か18年頃のことです。ところがそれから数年後にドイツ語を学習するうちに、ハイネが作詞し、シューマンが作曲した歌曲「二人の擲弾兵」にそれと酷似した思想が詠み込まれていることを知って驚きました。そこに登場す

る二人の兵士はナポレオンのロシア遠征に参加し、敗戦の憂き目を見て郷里に帰っていたのですが、ナポレオンがエルバ島から脱出してパリへの進軍を始めたという報道に接して奮起し、そうだ俺たちも皇帝のために戦おう、たとえ戦死しようとも何度でもこの世に生まれ出て皇帝のために戦うのだと誓ったというのです。

　もちろん『太平記』が事実を正確に伝えているかどうかは定かではありませんし、歌曲は明らかにフィクションです。それでもそういう文学的な歴史書が日本人に愛読され、歌曲が西欧人に愛唱されたという事実は軽視できません。何れも人々の心に訴えるものを含んでいるのです。

　楠木兄弟と二人の兵士の思考の型は似ています。しかしそれは似ていても、彼らの考えを導いた the way を調べてみると全然似ていません。

　よく知られているように、ナポレオンはイギリス以外のほとんど全ヨーロッパに顕著な政治的、社会的影響を及ぼしました。フランス大革命後の混乱を収拾しただけでも大きい業績ですが、それにとどまらず、度量衡をメートル法に統一して商工業の発展を促し、民法典の制定、国民軍の創設、憲法と国会の整備を実現し、それらを欧州大陸諸国に広め、時代を大きく前進させる施策を推進しました。このような実績があったので、共和制と矛盾する皇帝の地位に就こうと、激しい戦争をたびたびして人命の浪費者と陰口されようと、多数の人民が彼を熱烈に支持し、敬慕しました。

　ところがこれに比べると、正成が命を捧げた後醍醐天皇の事績は無と言えます。これは別段、後醍醐天皇に限った事で

はありません。神話伝説の時代は別として、日本の天皇が自ら軍勢を率いて敵と戦ったり、社会的もしくは経済的事業を指揮したりした例はありません。後醍醐天皇は少し異例で、建武の新政が企てられましたが、これとても社会的、経済的裏付けを欠き、失敗するのが当然と言っても良いものでした。そして正成は、足利尊氏の率いる圧倒的な大軍を向こうに回して、千早城に立て籠もった時とはまったくちがった平地での会戦を強いられ、勅命という絶対に拒否できない形で死地に赴かされたのですが、それでも彼は天皇に背くことはしませんでした。

　十四世紀の歴史物語に盛られた正成のこの思想は江戸時代に国学者によって高く評価され、幕末には討幕の理論的根拠と見做されました。そして近代には天皇に忠誠を捧げることが最高の美徳とされました。『菊と刀』の第2章に書かれているように、米軍に捕らえられた日本軍兵士はいずれも、上官を批難あるいは批判しても、決して天皇を悪く言わなかったし、日本と天皇とが不可分であることを疑いませんでした。そして軍人ばかりでなく、ほとんどすべての日本人が同様でした。だからこそ敗戦後に昭和天皇が全国を巡幸した時には、どこに行っても大歓迎されました。たとえ対米英宣戦布告をして惨めな敗戦への道を引き返すことのできないものに確定した直接の最高責任者であっても、天皇であるが故に国民の尊崇は失われなかったのです。

　楠木正成の行動の型と二人の擲弾兵のそれとが似ているように思われたかもしれませんが、それぞれの the way を見ると決して似ているとは言えないことが分かりました。その違

いが文化の型の違いなのです。しかしこのような少数の事例だけで大きい広がりのある文化の全体を論じるわけには参りません。ベネディクトが日本文化の型を「菊」で象徴される「偽装された意思の自由」と、「刀」で象徴される「自己責任の態度」であると明言するについては公表されたものだけでも『菊と刀』一冊に満載されたデータが必要であったのです。例えばその本の第3章に日本人の行動は詳細な「地図」に従うという指摘がありますが、これなどは「地図」を必要とするということと、「地図」の内容に盲従するということの両面があり、その双方への説明が必要です。そういう事がいくつもあるのに、あの本一冊にまとめたということだけでも驚嘆すべき偉業だと思います。

1·5　仮の定義

　以上によって文化の型とはどういうものかについて、ベネディクトが明言しなかった所を大雑把にではありますが描き出せたのではないかと思います。そして筆者はいささか僭越ながら文化の型の定義を三カ条にまとめておきます。勿論この三カ条は『文化の型』および『菊と刀』の内容を筆者なりに十分理解した上で書いたものですが、「決定版」と言うことは遠慮します。読者諸賢の鞭撻を待ちます。

　①文化の型は一つの国民または部族が永続的な生活を営むために必要な一定の思考と行動の型を形成し、保有するとともに、その集団のまとまりを妨げるものを排除した

り、無害なものに作り替えたりするものである。

②文化の型は、一つの国民または部族の成員が共有する無意識すなわち集合的無意識の中に存在する。これは意識されないことによって世代を超越し、歴史を超越し、環境を超越し、社会的変動を超越し、政治的権力を超越して、長期にわたって変化しないことが可能になっている。

③文化の型は、上記の①および②の他には何一つ条件を伴わない。したがってある集団の文化の型と別の集団のそれとの間に共通点が無く、互いにまったく矛盾するということがあり得る。そしてそういう事があっても、どちらが正しくどちらが不正であるという絶対的判断を下す根拠は存在せず、価値の優劣を見分けることは出来ない。

2　日本的恥の文化

2・1　サンクション (Sanction)

2・1・1　サンクションとは何か

『菊と刀』の原書には 'sanction' という語がしばしば現れますが、これを誤って翻訳した例がよく見られます。例えば長谷川松治はそれをすべて「強制力」としました。一例をあげれば、恥の文化と罪の文化との区別を述べるくだりでこんな翻訳をしました。

> （原文）True shame cultures rely on external sanctions for good behavior, not, as true guilt cultures do, on an internalized conviction of sin.
>
> （長谷川訳）真の罪の文化が内面的な罪の自覚にもとづいて善行を行うのに対して、真の恥の文化は外面的強制力にもとづいて善行をおこなう。

　この原文には複数の問題点がありますが、ここでは sanction という語だけに注目しましょう。これを「強制力」と訳したので、恥の文化は罪の文化より劣等なものと見られる可能性が生じました。そしてその可能性を打ち消すような文言は見当たりません。長谷川訳の『菊と刀』がミリオンセラーになり、その間にこれに対する訂正が行われなかったこ

とを思えば、これが日本人の自尊心をどれ程傷付けたか、計り知れないものがあります。

　筆者は手近な辞典で名詞としての sanction の意味を調べました。結果は次の通りです。

　　①（違法者に対する）制裁、処罰：〔通例〜s〕制裁（措
　　　置）
　　②〔に対する〕（公権力による法的）認可、許可
　　　（authorization）
　　③（伝統・習慣による）〔〜の〕是認、容認、支持〈to〉
　　④「悪事をさせないための」道徳的、社会的拘束（力）
　　　《against》

　この場合は「違法者」とか「公権力」とか「悪事をさせない」などという条件を気にすることはありませんから③が該当します。したがって正しい訳文は、例えば、

　　　真の恥の文化は善行に対する外部からの容認を信頼
　　し、真の罪の文化がするような、内面化された罪の自覚
　　を信頼するものではない。

ということになります。

　そのサンクションですが、それは勿論文化の型そのものではありません。それは文化の型と現実の行動とをつなぐ紐帯とでも言えばある程度言い表したことになるかもしれませんが、まだ言い足りません。『菊と刀』の第10章にある次の段

落は日本人の社会におけるサンクションの働きを巧みに言い表していますが、それでも追加の説明が必要です。

　　それゆえ抜かりなさと自重とを厳しく同一視するということは、他者の行動の中に観察されるあらゆる手掛かりに注意するということであり、他者が裁判官の席に居るという厳しい感覚でもある。彼らは言う「人は自らを重んじる心を養う（人は自重しなければならない）。世間というものがあるから」。「世間が無いなら自らを重んじる（自重する）ことはない」。これらは自らを尊重せよという外的サンクションの極端な言い方である。そんな言い方ではまともな行動における内的サンクションのことを全然考慮していないことになる。そういうのは多くの国々の俗論のようなもので、日本人は時折心の底にため込んでいる罪に関してどんな清教徒にも引けを取らぬほどの強い反応を示すのに、上で言ったことを誇張しているのです。とはいうものの、そういう極端な言明は、日本で強調されることがどこに落ちていくかということを適切に示しています。それは罪の重要性よりは恥の重要性の方に落ちていく。

　末尾の二つのセンテンスに「落」を含んだ動詞があるのに注意しましょう。本書の1・3節に掲げた引用文に「私は何百という細かい事柄が全体としての型に落ち着いていく the way を真剣に把握した」というくだりがありました。これは偶然ではありません。ベネディクトは『菊と刀』の第1章で

説明した研究方法を適用すべき問題の一つがここにあること
を示したのです。

2・1・2　阿部弥一右衛門の場合

　我が国の文学作品の中には恥の文化のサンクションが恐る
べき威力を発揮する様を描いたものがいくつもあります。た
とえば森鷗外作『阿部一族』がそうです。肥後五十四万石の
領主細川忠利は、1641（寛永18）年春に参勤の旅に就こう
としたとき、急に重い病気に倒れ、やがて逝去しました。病
がもはや恢復不可能と思われた時、家臣の中から特に親しく
彼に忠勤を尽くした者が殉死を願い出ましたが、その数は
十九名になりました。病床の忠利はいずれも遺留しました
が、結局ほとんどの者が熱心な願いを聞き入れられました。
しかるにどういうわけか、阿部弥一右衛門だけは最後まで許
されませんでした。弥一右衛門は少年の時から忠利の側近に
仕え、島原の乱では顕著な武功を挙げたことなどからも殉死
が許されるのが当然と思われたのですが、それにもかかわら
ず忠利は「そちが志は満足に思うが、それよりは生きていて
光尚に奉公してくれい」と言うばかりで結局なぜ他の家臣と
違う扱いがされるのかをあきらかにしないまま他界しまし
た。それで没後四十九日の法要が営まれるまでに十八人の志
願者は腹を切りましたが、弥一右衛門は死ねば君命に背くこ
とになると思ってその法要の後も藩務を処理するために登城
しました。

　ところがその後どれほども日を経ぬうちに、彼の身辺に不
愉快な陰口がささやかれるようになり、そのうち彼に接する

人たちの態度までが変わってきました。人々は彼が命を惜しんでいると見たのです。その人たちの考え方からすれば、たとえ亡君の許しが無くとも本当に主を慕う心があるなら殉死するのが当然で、それをしないのは主君の言葉を口実にして生き延びている卑怯な行動ということになるのです。弥一右衛門は卑怯者という汚名を着せられながら生きながらえることを潔しとしませんでした。そしてそれをはっきり世人に示すために、十八人より数日遅れながらも腹を切りました。

　弥一右衛門を死なせたのは明白に恥の文化のサンクションです。彼に「死ね」と言った人も「なぜ死なない」と問うた人も一人も居ません。亡君は明らかに死ぬなと言いました。これに背くのは罪に違いありません。それにもかかわらず、恥の文化のサンクションはそれらすべてを圧倒したのです。そしてその恥の文化のサンクションを呼び起こしたのは『菊と刀』の第12章で言われた「集合的期待」（collective expectation）です。熊本藩のすべての侍が、弥一右衛門は殉死するのが当然だと思っているのに生きていると「集合的期待」が満たされなかったことになり、期待が裏切られた不満を感じる人たちによって侮蔑的な陰口がささやかれたのです。これは恥の文化の一面です。

　殉死はその後幕府によって禁止され、幕末までにほぼ根絶されました。それは純粋で強固な君臣のきずなの現れであるよりは殉死者の遺族が優遇されることに目を付けた、いわば欲得ずくの殉死が横行するようになったことが主な理由でした。

　しかしながらサンクションは政治的権力によってどのよう

にでも変えられると考えるのは間違いです。権力者がサンクションを変えようとしても、それが文化の型の範囲内の事であれば可能でしょうが、そうでなければ失敗します。殉死は、弥一右衛門が生きていた頃までは美風とされていました。それは階層制度に対する堅い信頼（『菊と刀』第3章参照）を通じて文化の型（恥の文化）に堅く結びついていたからです。しかしその後時代を経るうちにその美風を悪用する者が続出したのも事実であり、武家社会のモラルの低下が懸念されるようになりました。その事態を受けて殉死禁止令を発布したのは適切でした。

2・1・3　サンクションの限界

『菊と刀』の第10章から2・1・1項に引用された文の中にある「日本人は時折心の底にため込んでいる罪に関してどんな清教徒にも引けを取らぬほどの強い反応を示す」とは一体どういうことでしょう。心当たりがありますか？　自分自身の経験に照らしてこの言葉を理解できる人は稀でしょうが、ラフカディオ・ハーンのエッセイ「停車場にて」を知っている人なら解るでしょう。そのあらすじはこうです。

　ある夜熊本で強盗事件が起こり、犯人は翌日警官に捕らえられましたが、警察署に連行される途中、犯人は警察官のサーベルを奪い、彼を斬殺して逃走しました。四年後にその犯人は別の事件のために福岡で逮捕され、有罪判決を受けて服役していることが判明しました。そこで先の事件について審理するために彼の身柄が熊本へ列車で護送されることになりました。それが新聞で報道されたので、列車の到着時刻に

は大勢の人々がそれを見ようと駅に集まってきました。そこには事件当時胎児であった被害警官の息子も居ました。列車が到着し、後ろ手に縛られた男が改札口を出ると、警官が犯人の前にその息子を導きました。その警官は子どもにむかってそこに居るのが父親を殺した犯人であると告げました。すると犯人はひざまずき、顔を地面に擦り付け、泣き叫ぶようにして許しを乞いました。そしてそれから不思議な光景が展開されたのですが、それについては正確な訳文を引用しましょう。

　「済まない！　許してくれ！　坊や、堪忍しておくれ！憎んでいたからじゃねぇんだ。怖かったばかりに、ただ逃げようと思ってやっちまったんだ。俺がなにもかも悪いんだ。あんたに、まったく取り返しの付かない、悪いことをしちまった！　罪を償わなくちゃならねぇ。死にてぇだ。そう喜んで死にますとも！　ですから、坊や、お情けだと思って、俺を許しておくんなせぇ！」
　男の子は静かにまだしゃくり泣いている。警部は肩を震わせている犯人の男を引き起こした。黙りこくったままだった人々は、左右に分かれて道を空けた。するとそのとき、まったく突然に、群衆がみなすすり泣き始めたのである。銅像のような表情をした護送の警官がそばを通り過ぎるとき、私は以前にも見たことのないもの —— ほとんどの人もかつて見たことのない —— そして私もおそらく再び見ることのないであろう —— 日本の警官の涙を目撃したのである。（インターネット「青空文

庫」による）

　犯人の告白が死を覚悟した上でのものであることは見逃せません。その告白がその場に居た人たちの共有する自己（self）を揺さぶったのです。群衆ばかりか警官までが涙を流したという点に注意しましょう。これは意識の問題ではなく、無意識の問題に違いありません。ベネディクトが「心の底に人知れずため込んでいる罪」と言った時、彼女は明言しませんでしたが、無意識のことを言っていたのです。

　しかしそのとき熊本駅前に集まった群衆が一様にそういう精神状態になったとしても、それが一般的サンクションになっていくことはありません。その時そこに起こった現象は日本がまじりけのない恥の文化の国ではないということを示してはいますが、この国では依然としてすべてのサンクションは恥の文化の方に重点があります。群衆が涙を流したのは、自己を揺さぶられて精神が一時的に動揺したからです。日本人全体の集合的無意識がそのために歪んだとか、傷ついたという問題ではありません。

2・2　日本の恥の文化的現象の例

2・2・1　『菊と刀』に載せられたもの
『菊と刀』の第10章でベネディクトは、恥の文化と罪の文化とを区別することの意義を述べました。

　　様々な文化の人類学的研究においては、恥を大いに信

頼する文化と、罪悪感を大いに信頼する文化との区別は大切な事柄の一つである。道徳性の絶対的基準を繰り返し教え込み、発達してゆく良心を信頼する社会は明らかに罪の文化であるが、そういう社会の人でも合衆国でそうであるように、罪とは言えないヘマをやって恥ずかしい思いをすることがある。彼は場面にふさわしい服装をしなかったとか、口が滑ったというようなことでひどく悔やむことがある。恥が主要なサンクションであるような社会でも、我々が見て人々が罪悪を感じるであろうと思うような行動をした人はそれを悔やむ。この悔いは非常に強い場合もあり、懺悔と贖罪という、罪の文化でなら可能な救済はそこではできない。罪を犯した人は、罪の文化でなら自発的に告白して救いを得ることができる。その告白の仕組みは我々の世俗的療法で用いられているし、ほかに共通点がほとんど無いようなたくさんの宗教的団体も用いている。我々はそれが救済になることを知っている。恥が主たるサンクションである所では、たとえ相手が懺悔聴聞司祭でも、自分の過ちが人に知られる時には救済にならない。彼の悪行が「世間にしれてしまう」のでない限り思い煩うことはないのであって告白というのは面倒な事を呼び寄せることでしかない。それゆえ恥の文化は神に対してさえも告白をしない。彼らの儀式といえば罪業消滅であるよりはむしろ幸運の祈願である。

　まじりけの無い恥の文化は善行に対する外部からの支持を信頼し、まじりけのない罪の文化がするような、内

面化された罪の自覚を信頼することはない。恥は自分以外の人々の批判に対する反応である。人は、あからさまに嘲笑され、排斥されるか、または嘲笑されたと自分から想像する時に恥じる。どちらにしてもそれは有力なサンクションである。とはいえそれは、そのことを知って居る人が居るか、または居ると思い込むことが必要である。罪の場合はそうではない。彼の過ちを誰も知らなくても人は苦悩するだろうし、その人の有罪の感覚は罪を告白することによって救済される。

　ベネディクトは徹底的な文化相対主義者であり、恥の文化と罪の文化との間にみだりに価値判断を持ち込むことは決してしませんでした。上の文の中にも価値の優劣を意味する言葉は一つもありません。恥の文化が罪の文化よりも劣等であるかのように言う人があるなら、それは無知かまたは悪意の反映です。
　それはともかく、彼女は第10章で上の文を示しましたが、日本の恥の文化を反映する現象はもっと、ずっと前から読者の前に提示されていました。第3章の最初の段落に掲げられた日本人の階層制度（Hierarchie〔ドイツ語〕）への信頼もその一つです。

　　日本人を理解しようとするならば。先ず真っ先に「所を得る」ということが何を意味するかについての彼らの解釈に手を付けるべきである。秩序と階層制度に対する彼らの信頼と、我々の信条が自由と平等に存すること

は極端に隔たっており、われわれにとっては、階層制度が社会機構として存在しうるということの正当さを認めるのは難しい。日本人が階層制度に確信を抱いていることは人とその仲間との関係とか人と国家との関係の観念の全体の根幹であり、我々が彼らの人生観を理解できるようになるためには、どうしても、たとえば家族とか国家とか、宗教生活、経済生活といったかれらの国民的組織を記述しなければならない。

「階層制度」という語は日常的でありませんからこの段落全体がよそよそしい印象を与えますが、たとえば家庭の日常生活で子が親に従うというような仕来りの事だと言えば理解できるでしょう。でも中には「そんなことあたり前じゃないか。西洋人だって親がヨチヨチ歩きの子に一人前の地位を与えたりするものか」と言って反論したつもりになる人があるかもしれません。しかしそれはきっと社会が人間を作るということに気が付かない人でしょう。そういう人は、子は親が育てるのだから何歳になっても子は万事について親に従うべきだという考え方から離れられないのです。しかしそれは一面の真理にすぎません。人間が育つのは、親ばかりではなく、社会も彼を育てるからです。それを欠いては一人前の人間はできません。そういう事に関連して日本では1940年代後半に大幅な法改正が行われ、それによって家族制度は大きく変わりましたが、それでもなお旧制度の感覚が保守的な人達の胸中に残存し、上の「反論」のセンスが出てくる場合があります。それゆえ今もなお『菊と刀』を開いて熟読するこ

とに意義があります。『菊と刀』の第3章にはここで参考にすべき文がいくつもありますが、次のものは特に重要と思われます。

　　日本人は他のいかなる独立国の国民にもまして一つの世界に条件づけられ、地位が割り当てられてきた。その世界では行為の最も細かいところが地図になっている。法と秩序が冷酷な権力と一緒になってそういう世界で保たれてきた二世紀の間、日本人が学んだのはこの微に入り細を穿った階層制度を安全と保障そのものと思い込むことだった。既知の世界の中に留まっている限り、また既知の責務を遂行する限り、彼らは自分の世界を信じることが出来た。……(中略)……日本では、侵略行為はもしそれが現に有効な地図に照らして許されないものであるならば是正されるということが真面目に保証されていた。人はその地図を信用したし、それに従っている限り安全であった。人が自分の勇気を、自分の高潔さを表したのは、その地図に適合することにおいてであり、地図を変更することや破棄することではなかった。そこに記された限度中は既知であって、彼らの眼には信ずるに足る世界であった。それが定めているのは十戒のような抽象的な倫理上の原則ではなく、この場合にはどうすべきか、またあの場合にはどうすべきか、武士であればどうすべきか、平民であればどうすべきか。兄にふさわしいのはどういうことか、弟にふさわしいのはどういうことかというようなこまごました事の列挙であった。

『菊と刀』の第3章はほとんどが近世（江戸時代）の社会現象の解説に充てられており、この段落もその文脈の中で読まれるようになっていますが、ここに言われている事柄は、言葉に少し気を付けるだけで近代にも当てはまるものです。ここでは「地図」が重要な役割を持っていますが、勿論これは比喩であり、現実の世界には存在せず、誰の目にも見えません。しかしその「地図」から逸脱すると恐ろしい社会的制裁を受けるのです。これはまさに恥の文化の現象です。

2・2・2　『菊と刀』以外の例（旅順陥落の瞬間）

　日露戦争で最大の時間と戦死者数を記録した戦闘は旅順軍港攻囲戦でした。その期間は七カ月に及び、戦死者は日本側だけでも六万に達しました。この一大戦闘が決着したのは、ロシア軍守備隊総指揮官ステッセル大将がしたためた降伏文書が軍使によって日本の第三軍司令部に届けられたことによります。それは1905年1月1日の日没後の事でした。ここには司馬遼太郎の小説『坂の上の雲』の記事によってその場の様子を書きますが、これには確かな裏付けがあり、決して司馬の創作ではありません。

　第三軍司令部には法学博士有賀長雄が軍属として詰めていました。ロシア軍からの書面は先ず有賀に渡されました。彼は第三軍指揮官乃木大将を始めとして幕僚全員が集まっている真ん中で開封し、一読して、

　　「降伏申し入れです。まちがいございません。」
　　と、このみじかい文書をまず英語で音読し次いで日本

語に訳した。

　驚嘆すべきは、有賀が訳し終わったあとも、みんな一語も発しなかったことである。この異様な沈黙については、

「旅順で死んだ幾万の幽魂がこの部屋にあつまってきたようでどの幕僚の顔を見ても、喜悦などというような表情がなく、ちょうど、なにかにおしつぶされそうになっているような、苦悩がある」

　と有賀博士はのちのちまで門人たちに語っている。もしこの場の空気を西洋人がみれば日本人の感情表出というもののふしぎさに、むしろぶきみなものをかんずるであろう。悦ぶにはあまりにも犠牲がおおきかったし、すぐとびあがって笑顔をつくる気にもなれないほど、この七カ月の心労は大きすぎたのである。

「伊地知さん、処置をしてください。」

　と乃木が伊地知に声をかけたとき、魔法がやっと解かれたようにして部屋の空気がうごきはじめた。

　長期にわたって、毎日部下や同僚が幾人も死ぬ激戦が、突然わが方の勝利に終わったのです。嬉しくないはずはありません。それなのに日本軍司令部の人達は、しばし沈黙し、喜悦の表情を表さず、何かに圧しつぶされそうな苦悩を嚙みしめたのです。有賀が「もしこの場の空気を西洋人がみれば日本人の感情表出というもののふしぎさに、むしろぶきみなものをかんずるであろう」と言ったのは尤もです。それは、日本人と西洋人とが違った文化の型に染まっていることによる

ものです。西洋人を育てた罪の文化では、人は個人と見られ、他者との連帯よりも個人としての独立が重視されます。そういう環境で育った人は、敵が降伏したと聞けばそれを個人の立場で受け止めることが先に立ち、同胞の犠牲を悼む心があってもそれが優先するわけではありません。それに対して日本人の心情は逆で、重視されるのは他者との連帯であって、個人は後回しです。そして注意しなければならないのは、どちらの場合もそういうことは無意識の内に起こるということです。

2・3　日本人の良心

2・3・1　社会の基本構造（仮説）

　ベネディクトは『菊と刀』の第12章の早い段階で生後間もない赤ん坊に対するアメリカ人と日本人との態度が著しく違うことを指摘しました。彼女はまずこう言いました。「アメリカの親たちは、自分の子供が日本人に比べて、配慮と禁欲の面でずっと気楽な人生を過ごせるのに、育児の手始めにするのは、赤ん坊が持っているささやかな願望はこの世の至上のものではないと証明することである。」何だか理屈っぽい話のようですが、庶民の一人一人がいちいちこんなことを考えながら育児をしているわけではありません。彼らはただ慣習に従っているだけです。それで具体的にどんな事をしているかというと、赤ん坊が誕生した直後から大人が決めた授乳や睡眠の時間割を強制し、やや後になると大人の眼に無作法と見える行動、たとえば指をくわえたり、体のどこかをい

じったりすることに対して体罰を科するのです。それを通じて先ほど言った「証明」が実行されるのですが、赤ん坊の方から見たらこれがどういう事を意味するかを考えてみましょう。

　アメリカの赤ん坊は、時間の感覚もないのに、一定の時刻に寝なければならず、一定の時刻にならなければ乳を飲むことも許されず、何気ない動作が突然処罰されます。すなわちアメリカ人は、生まれたばかりで主体と客体とがいまだ混然としているうちに、何かわからないが超越的な偉大な力が至上のものとして世界を支配して強制力をふるっていると教えられるのです。睡眠や食物の摂取を管理し、一定の行動に制裁を加えるのが親という人間であるとは、その時には意識されません。小さい心が最初に知るのは、この世とは超越的な偉大な力によって支配されるところだということであって、それが彼らの最も基本的な人生観の前提になるのです。

　日本の新生児がする経験は、これと全く逆です。彼は眠りたいときには存分に眠り、空腹を感じて泣き声をあげればいつでも哺乳され、手の指をくわえようが足の爪先をしゃぶろうが、それを咎められません。彼が強制ということをはじめて経験するのは生後数カ月を経過してトイレット・トレーニングが始まるときです。数カ月というのは赤ん坊にとってはずいぶん長い時間で、その間に主体と客体との分離が起こり、この世には人間と人間でないものとがあることを知ります。したがって排便に関する規則を強制するのは人間であって、神様でも悪魔でもないのは自明のこととして理解します。そしていろいろなことを知るうちに、この世には様々な

規則があるけれども、すべて人間が作ったものであり、人間でないものが人間を支配することはないと確信します。そして夏目漱石が『草枕』に書いた次の文に表現されている思想を尤もだと思う素地ができます。

　　　人の世を作ったものは神でも無ければ鬼でもない。矢張り向こう三軒両隣にちらちらする唯の人である。唯の人が作った人の世が住みにくいからとて、越す国はあるまい。あれば人でなしの国へ行くばかりだ。人でなしの国は人の世よりもなお住みにくかろう。

　キリスト教とは真っ向から対立する思想が含まれていますが、我が国ではこの思想の方が共感をもって迎えられています。日本人の大多数は、キリスト教徒と違って、人間を超越する神を信じません。そういうわけですから、アメリカは罪の文化の国であり、日本は恥の文化の国であるとすればそれぞれの国民が、意識せずに赤ん坊の心にどんなものを刷り込んでいるかということを抜きにしては説明し難いと思われます（なお、「刷り込み」についての説明は省略しますが、もし必要でしたらK・ローレンツ著『ソロモンの指輪』を御覧ください）。

　このように考えると、社会の基本構造について一つの仮説を設けることが出来ます。すなわちアメリカと日本とでは基本構造が全く異なっており、それらの概略を図式的に表せば次ページに掲げた二つの図のようになるということです。図中の●は個人を表します。図1では「超越的な偉大な力」と

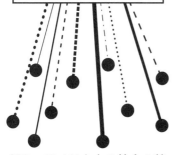

図1　アメリカ人の社会の基本構造

図2　日本人の社会の基本構造

各個人とを結ぶ線が種類も太さも一様でないのは、その結びつきの様態や強さが様々であり得ることを表しています。それでその結びつきが個性的であり得ることがわかります。一方図2では、各個人間の結びつきを表す線は、種類も、太さも一様になっています。そしてそれによって一種のネットワークが形成されているのがわかります。これが『菊と刀』の第5章でベネディクトが言った「相互の負い目のネットワーク」です。日本人はそのネットワークが崩壊しないように、また局所的な無理が生じないように気を付けながら生活しているのですが、赤ん坊にはそういう負担はかかりません。すでに述べたように、親も、社会も新生児にはあらゆる自由を認めているからです。

　トイレット・トレーニング以後の教育、訓練についてはベネディクトが詳しく記述していますし、読者の皆様も体験しておられることでしょうから改めて述べる必要はないでしょ

う。でも一つだけ注意しておきます。簡単な会話ができる程度に成長した子供はもはや刷り込みの対象にはなりません。

2・3・2 仮説が見通しを助ける例

　次に引用するのは『菊と刀』の第11章の末尾に近いところにある段落です。ここで論じられているのは、日本語で言えば「良心」英語で言えば'conscience'という言葉の意味です。

　　西欧的な言葉使いでなら、無我の境に入って「死んだ気になって生きる」日本人は良心を抹殺する。彼らが「監視する我」とか「妨げる我」と言っているのは人の行動を判定するセンサーである。われわれが良心の欠如したアメリカ人という時には悪い行いにかかわらずそれに伴うはずの罪の感覚を感じなくなった人のことを意味するが、日本人がそれに当たる言葉を使うときには、もはや緊張感も妨げも無い人を意味するのであり、これこそ西洋と東洋の違いを明確に見せるものである。アメリカ人は悪人を意味し、日本人は善人、訓練された人、彼の能力を高度に発揮する人を意味する。それは利害を考えない困難極まる献身的行為を実行できる人である。善行に対する大きいアメリカ的サンクションは罪である。良心が硬直してこのサンクションを感じなくなった人は反社会的になる。日本人はこの問題を違ったように図式化する。彼らの考え方からすれば、人は心の底では善人である。もし彼の衝動が彼の行動に直接反映するならば

彼は高潔にやすやすと行動する。それゆえ彼は恥の自己
　　検閲を除くための「練達」の自己訓練に励む。こうする
　　ことによってのみ、彼の「第六感」は妨げられなくな
　　る。それは自意識と葛藤からの最高の離脱である。(「第
　　六感」については第3章で説明します)

　ここに掲げられていることは明快です。要はアメリカ人が
「conscienceとはこういうもの」と思っているのとは違った
「良心」もあり、日本人の道徳的性質を見損なってはならな
いということです。良心とは神に対して忠実なことだとしか
考えない人は、たぶん、キリスト教と無縁の人が、よく訓練
された能力をフルに発揮して己を顧みずに最も困難で献身的
な行動 ―― それはしばしば不惜身命と言い表せる行動でしょ
う ―― を目撃すれば、そこにconscienceと同じまたはそれ以
上の精神があることを認めないわけにはいかないでしょう。
アメリカ人の社会の基本構造が前項で見た図1のようなもの
なら、キリスト教の神は「超越的な偉大な力」の役割を持
ち、人々は神を信じることによって精神の安定を確保し、そ
こにconscienceの源泉を認めますが、日本人の場合には社会
の基本構造が図2のようなものであり、超越的な偉大な力を
頼ることはできません。それでも社会が崩壊しないのは、こ
の国にしっかりした文化の型があるからです。それを「恥の
文化」と言うだけではとても済みません。恥の文化を持つ人
間集団は日本以外にもたくさんあります。その中に在って日
本人の特徴的な点は、ベネディクトの見るところでは自己責
任の態度が重要とされています。彼女が注目したのは、日本

人は人生行路の不具合があってもそれを他人のせいにしない
という点です。人はそれを「身から出た錆」と言います。そ
れはわが身の事を刀に喩えた言葉で、常にわが身を清く、正
しく保たねばならない、錆びた刀を帯びただらしない侍は最
も恥ずべき人であり、そうならないように常に心を引き締め
なければならないということで、彼女は刀で象徴される「自
己責任の態度」を日本文化の型の一要素としました。書名
『菊と刀』は日本人の集団の美しさと個人の心がけの潔さを
象徴しています。

2・4　集団の大きさと恥の文化

2・4・1　小集団

　第二次大戦中に詠まれた和歌の一首をご覧ください。

　　交戦時余　弾痕八十　耐え抜きて
　　たたかい勝ちて　飛行艇帰る

　作者は女性で、苗字は野田さんですが、お名前は失念しま
した。ごめんなさい。
　飛行艇は2機以上が隊を組んで行動することは少なく、た
いてい単独行動をします。この場合もきっとそうでしょう。
どんな任務を帯びていたのかはわかりませんが、多分基地か
ら遠く離れた海上で敵の戦闘機1機に出会ったのでしょう。
　飛行艇と戦闘機の一騎討ちということですが、当時の常識
からすれば誰もが戦闘機の勝ちを予想したでしょう。戦闘機

は敵機を撃墜するために作られているのに対して飛行艇は物資の輸送や哨戒、海難救助等、直接戦闘にかかわらない任務に適するように作られたものと考えられていました。しかし当時の日本海軍では世界最高の飛行艇技術を利用して爆撃や魚雷攻撃に適した機体を開発し、それに伴って敵戦闘機に対する防御も強化していました。それでも向こうは敵飛行機攻撃専門の人と道具のセットであり、こちらは地上または水上の敵を攻撃するのに適した人と物だという違いからくるハンディキャップは避けられません。上の和歌に詠まれた飛行艇搭乗員への賛辞は、そういう不利な条件にもかかわらず勝ったことへの褒め言葉です。

　彼らがそういう不利を克服できたのはなぜでしょう。筆者はそこに恥の文化があったことを見逃せないと思います。

　飛行艇には通常約10人の乗組員が乗務します。先ず機長で、多くの場合彼が操縦士を兼ねます。そして機長の交代要員として副機長がいます。それから機関士、通信士、爆撃手等といった専門家たちも加わります。そして数個の銃座にはそれぞれ射手が就きます。それらの人たちが心を一つにして事に当たれば、単座の戦闘機に乗務している敵兵をやっつけることが可能になるのです。

　戦闘は、たいてい、戦闘機が攻撃しやすい位置 —— 相手が飛行艇であれば後方の高い位置 —— を占めることから始まります。戦闘機はそこから急降下で加速しながら飛行艇の急所（例えば操縦士）を狙い撃ちします。しかしそういうことは飛行艇の方でも予測しているので操縦士と各射手とは何も言わなくても連携して敵弾を避ける動作をします。具体的に言

うと、敵が発砲する直前にこちらから発射した弾丸が敵兵の間近を飛ぶように発砲するのです。その弾丸が敵兵に当たればもちろん良いのですが、当たらなくても構いません。敵が発砲する直前にこちらの弾丸が向こうに届けば、向こうから撃つ弾丸の命中率は著しく低下します。

　このような細かいテクニックはいろいろありますが、ここではこれだけにしておきます。そういうテクニックを生かすには日ごろの訓練が大切で、それが行き届いていれば本番でしくじることはありません。そしてそうなるには恥の文化が強い味方になるのです。そこでは約10人の乗組員の「和」が威力を発揮します。これに対して独りぼっちの戦闘機乗員は、予想外に長引く戦闘に疲れて思いがけないポカミスをすることがあります。それを見逃さない飛行艇の射手は致命的な一撃を加えて戦闘を終わらせたのでしょう。この勝利をもたらしたのは約10人の乗務員の恥の文化的結束だと言っても良いのではないでしょうか。

2・4・2　大集団

　かつて進学適性検査（略して「進適」）というものがあったことを記憶している人はもう少なくなったでしょう。それは1947（昭和22）年から1952年までの6年間にわたって、高等教育を受けようと志す受験生に対して、入学試験とは別に、全国一斉に同一問題で行われた知能検査です。当初それは、国・公立高等学校、大学予科および専門学校（いずれも旧制）志願者に限られていましたが、1948年の学制改革以後は私立大学も参加し、事実上凡ての大学志願者が対象にな

45

りました。そこに出題された問題は初等、中等教育の授業とはまったく無関係で、教科に関する記憶は全然役に立ちませんでした。おそらく心理学の高度の知識を持っている学者たちが問題作成に当たったのでしょう。筆者の見るところでは、進適によって検出される受験生の能力は普通教育によって身につけられたものとは全然異質で、記憶力とは関係なく、直観力の強さを示しています。これによって従来の記憶力中心の教育とは別の原理に従う教育の可能性に関する貴重な情報が得られたはずだと思います。

しかしながらその後四分の三世紀を経た今に至るまで、初等、中等教育にも高等教育にも進適の成果らしいものは何も現れていません。これは日本全体の教育の在り方に責任を持つべき立場にある人たちが進適に全く価値を認めていないことを意味します。筆者はここに恥の文化の必ずしも好ましいとは言えない一面が見えるのを感じます。

1952年を最後に進適が打ち切られた理由は、当時学生であった筆者には詳しく伝わりませんでしたが、一説によると、進適があることによってあたかも試験の教科が一つ増加したかのような形になり、受験生にとっては無意味な負担増になるということが主な理由であったようです。

ところで進適の目的は何であったのでしょう。これが明確でなかったのはよくない事ですが、筆者の推測はこうです。敗戦とそれに伴う日本の進路の非軍事化によって従来の教育の在り方を抜本的に改めなければならなくなったことに伴って、高等教育の目標をどこに置くかという課題に迫られた政治家や知識人の中には英才教育という点に注目した人があっ

たと思われます。例えば日本の科学・技術は既に世界的水準に達しているのにまだノーベル賞受賞者が一人も出ていないという、恥の文化的に見て見苦しい状態を早く抜け出すべきだというような考え方から、知能指数の高い若者が大学に入りやすい制度を造ろうということになったのでしょう。しかし進適はそういう意味では失敗でした。

　筆者がここで問題として採り上げようと思うのは、その失敗を追及することではなく、失敗に終わったプロジェクトから貴重な情報が得られたはずだということを指摘するためです。進適は政策としては失敗でしたが、秩序正しく遂行されたという点では成功でした。それは申し分のない沢山のデータを残しましたが、誰にも利用されていません。もしかするとそこにはE・ガロア（1811 − 1832）── 彼は大学入試に失敗しました ── のような大天才が居たかもしれないのに、大学入試に落ちた者の成績まで調べる程の予算が無かったので投げ出したのでしょうか。そうだとすると天才というものをずいぶん安く見ていたことになります。

　ともあれ、これ程大規模で精度の高い知能検査の例が世界のどこかにありますか？　それを世界中どこにも例が無いのでやめたと言うのなら、それは質の悪い恥の文化的行動です。まさか日本の知性のトップの人たちはそんなことを言わないでしょうが……。

2・5　恥の文化の柔軟性（flexibility）

　ベネディクトは『菊と刀』の第3〜9章で日本人の主要な

思考と行動の型を摘出し、それらの注目すべき諸性質について詳細な論述をしました。しかしながらそれらの多くはたとえば「義理」とか「義務」というような漢語で言い表され、純然たる日本人を言い表すものかどうかという点に問題が残る場合がありました。こういう問題を避けるためには我が国が中国からの文化的影響に染まる前に日本人の間に存在した道徳を反映する言葉を探し出し、その性質を探求する必要があります。彼女はそれを実行してその結果を第10章に載せました。選ばれた言葉は「まこと」あるいは「まごころ」でした。以下では前者に重点を置き、ときには後者にも、また漢字で書かれる「誠実」にも注意を払うことにします。

「まこと」は通常 'sincere' あるいはそれから派生した語によって英訳され、その逆もまた普通のこととされますが、'sincere' よりずっと低い意味を持つ場合と、逆にずっと高い意味を持つ場合があることを示しました。低い意味を持つ場合というのは、例えばある人の意見が自分の意見と異なるということを言うにすぎない場合に「誠意がない（まことを欠く）」という言い方がされるのを指しており、外国人に誤解されることは稀です。これは「まこと」あるいは「誠意」と言われるものが、日本の道徳律によって「地図」の上に描き出された「道」に従う熱意ある場合などによく見られる現象です。ところが「ずっと高い意味を持つ場合」にはそうは参りません。ベネディクトがどう言ったのか、先ず『菊と刀』の第10章にあるもっとも肝要な段落を見ましょう。

　　このように日本人の「誠実」には種々様々な意味があ

る。従ってその徳は、軍人勅諭や大隈伯爵の言うように日本人の倫理を単純化するものでもない。それは彼らの道徳の「基礎」をなすものでもなければ、それに「魂」を与えるものでもない。それはいかなる数でも、適当にその後ろに添えればその数を高次の冪数にする指数である。小さな2という数字を右肩につければ、9であろうと159であろうと、bであろうとxであろうと全く無差別に自乗数になる。それと同じように、「まこと」は日本人の道徳法典のいかなる条項をも高次の冪数に高める。それは言ってみれば、独立した徳ではなくて、狂信者の教えに対する熱狂である。

　ここには誤訳はありませんが、日本人としてはいささか気に障る言葉があります。でも冷静に読んでください。日本人が「誠」にどれほど重きを置いているかをアメリカ人に分からせるために、時には激越な言葉使いも必要です。これは学問というものの厳しさの小さな表れの一つにすぎません。今見た段落で重要な点は、日本人が「まこと」と呼んで非常に重視しているものはアメリカ人（もっと広く西洋人と言ってもよろしい）が徳（virtue）としているものとは別のカテゴリーに属するということです。こういう事への注意は外国語で書かれた文書を読むときには常に払わねばなりません。

　もうひとつ、恥の文化というものが柔軟性を持っていることに注意しましょう。優れた日本人はしばしば微妙な判断をして、必ずしも善悪にこだわらない筋道を経て問題を処理することがあります。恥の文化にはそういう事を許す柔軟性が

あるのです。その例を見ましょう。

　松下幸之助は12歳の時から7年間、大阪船場のある自転車屋に奉公しましたが、次に掲げる二つの逸話はその奉公中の出来事です。第一の話の典拠は神田誠著『繁栄の指導者──松下幸之助という人物』（1966　林書房）です。

【逸話1】

　こうして自転車の修繕を見習う一方、商店の小僧として得意先回りを仕込まれた。そして、一年ほどもするうちに、店は次第に繁盛して小僧が四、五人にもふえ、松下は小僧仲間でも古参の一人になった。その頃の事である。彼は将来大成する才能の片鱗の如きものをチラッと覗かせたことがある。

　店先で自転車の修繕をしていると、「幸吉（松下はそう呼ばれていた）ッとん、ちょっとタバコ買うてきてんか」と修繕待ちの客から頼まれることがある。すると「へえよろしおま」と応えて、一丁程先にあるタバコ屋まで駆け出していくのだが、そういうことを繰りかえしていたが、或時ふと思いついて自分の給料で一箱ずつ買いためておいて、客が「幸吉ッとんタバコや」というと「ヘエ」と応じて渡すことにした。ところが、その頃の一箱にはタバコが二十コ入っていて一箱買うと一コおまけをつけてくれた。つまり、店のお客に二十コ売れば、1コ儲かる勘定になる。当時は敷島が十二銭、朝日が八銭だったから、両方が平均して売れたとすると、一コ十銭でその五分の五厘もうかることになる。月にたいてい

五、六十コは売れたから、五十コとしても二十五銭もうかる。その頃の松下の給料は一円前後だったから、タバコの売り上げで給料の四分の一は儲かった。仕事の時間が助かるので主人は喜ぶ、客も便利がよい、こっちも面倒くさくないから、まさに一石三鳥というところであった。後年このことについて、松下は子供の頃から儲けに聡かった、と雑誌に書かれたことについて、ほんとうはそうではなく、わたくしがそんな風にしてタバコを売ったのは、手数と無駄な時間を省くことが第一の動機で、結果としてそういう余剰を生み出すことになったまでである、と彼は抗議しているが、多勢居る小僧の中で松下一人がそういうことを考え付いたところに、子供の頃から彼が決してぼんやりしていなかったという証左である。

　けれど、このタバコ屋は半年ほどでやめてしまった。五、六人いた小僧仲間がぶつくさ言ったからである。松下だけが金儲けしている。それが面白くない。癪にさわる。と言って、今さら自分たちが同じことをやるわけにもいかない。それで、面と向かっては何も言わないが、陰口をきく。それが主人の耳に入り、ある日、「幸吉ッとん、あれはええことやけど、もうやめとけ。丁稚同士が仲たがいして困るから。」と主人から言われたので、その日限りやめてしまった。

　松下はその時、世の中は良い事をしても、周囲の理解が無ければそれを長く続けることは出来ない、また、人に率先して何かをすると必ず抵抗があるものだというこ

とを悟ったと言っている。

　この話の中で特に注目すべき点は、親方の「あれはええことやけど、もうやめとけ」という発言です。彼の考えでは良い事でもしてはならない場合もあるというのです。ベネディクトもこの発言の趣旨に添う事を言っています。恥の文化の人々は、善悪ではなく、集合的期待（collective expectation）に従って行動するというのです。罪の文化の人々の眼には全くだらしないことのように見えるかもしれませんが、罪の文化というものが人類の在り方について絶対に間違いの無い方針を与えるという保証が無い事にも注意すべきです。筆者は本書の中で何度もこの点に触れていますが、特に6・7節では強調するつもりです。

　次に掲げる逸話も松下幸之助の修業時代の話ですが、前の話より何年か後のことです。そして今度は自伝『ものの見方・考え方』（1963　実業之日本社）からの引用です。

【逸話２】
　　それは番頭と小僧との中間に位する昔の手代に当る者が、ちょっとした間違いをおこした。店の品物をだまってよそにうって、その金を使っていたのだ。それは非常に才気にたけた男でよく間に合って重宝がられた。ところがそれが発覚した。本人は非常に悔悟したし、親方にしてみれば、店にとって非常に間に合う男であったからはじめてのことでもあるし、いっぺんいうてきかしてやろうというので「何よりもそういうことは悪い事

や、まだ年も若いし今度のことは大目に見るが、将来は
二度とこういうことのないようにまじめにやらなあかん
で」と懇々と訓戒した。「悪うございました」と言って
本人も心からわびている。親方は、ようわかったらしい
からそれですまそうということだった。

　ところが私が承知しなかった。私は親方にこう言っ
た。
「それははなはだ遺憾千万でございます。親方がそうい
うふうになさることは、私はええ思います。けど、私は
ひまもらいます。私はそういうことをした男と共に仕事
をすることをいさぎよしとおもわんのです。」
「こうきち、そういうもんじゃない」
「いや、それはわたくしにはどうしてもふに落ちませ
ん。之からこの店は最善の努力をしていかなあかんと思
うてますのに、○○どんが間に合うからいうて、あなた
が温情主義でいかれることは結果がようないと思いま
す。だからあなたがそうするんやったら、わたくしにひ
まください。」

　もしこれに対して親方が「そうか、そんならお前はどこへ
なと行け」と言ったらどうなったでしょう。たぶん退職者が
続出して経営が困難になったでしょう。その損失は○○どん
一人を温存したことによる利益をはるかに上回ったに違いあ
りません。なぜならやる気のある者は松下の言葉に触発され
てその親方に愛想を尽かすからです。親方はそんな事ぐらい
すぐ気が付いたのでしょう、彼は仕方なく面目の保てる処置

を採りました。

　　親方はよわって、とうとうその手代を首にした。しかしその後、店は非常に繁盛した。そんなことを私がいうことがいいか悪いかは議論の余地があろう。しかし少なくとも店の改革になっていると思う。侍でいうなら切腹して諫言したのと同じである。自分が首になるというのだから、腹を切る覚悟で、処罰は厳にしなければならぬと諫言したことになる。このために店は非常に明るくなり、大きく発展していった。

　このとき松下が取った行動は、形式的には彼一人の意見ですが、実質的には店員を代表するものでした。店主に向かってはっきりと不正行為をした者と一緒にされたくないと言うのは難しい事です。松下は、誰もが言いたいのに言えないことを察知して、それを言ったのです。それでいて発言は少しも独善的になっていません。見事に集合的期待を言い表し、余計なものを含んでいません。松下は自分にそういう能力 ── 少数の恵まれた人だけが持っている能力 ── が備わっていることを知っていたのでしょう。それを極めて適切に活用した彼の行動は紛れも無い恥の文化的行動です。

3 禅と日本人

3・1 第3章の緒言

　ベネディクトは『菊と刀』を執筆するに当たって禅に格別の注意を払い、第11章は事実上禅の解説のために設けられていると言っても良い程です。それなのに、これまでに『菊と刀』を論評した人たちは、支持する人も批判する人も、何故か第11章に触れようとしませんでした。しかし筆者の見るところでは、第11章こそ『菊と刀』の背骨であり、これを無視したのでは「日本文化の型」の骨格を除外したような議論にしかなりません。

　勿論、第11章を理解しただけでは禅が理解できたとは言えません。でもそれは第11章を無視しても良いということを意味しません。日本人である読者は少なくともベネディクトと同程度には理解すべきです。そしてできることならそれより一歩でも二歩でも深く理解することが望まれます。

3・2 無　我

『菊と刀』に関連して禅を理解しようとする人は先ず次のことを知らねばなりません。

　　　日本語には自己訓練の達人が到達すると思われる心の

状態を表す言葉が沢山ある。そのうち若干は俳優に使われ、いくつかは熱心な宗教信者につかわれ、剣士に使われるものもあり、説教師に使われたり、画家がもちいるものもあり、茶道の宗匠が使うものもある。それらは一般的意味においては同様であるが、私はここで「無我」という言葉だけを使う。それは現に上流階級に栄えている禅仏教で使われている言葉である。その語であらわされる、練達の境地は、世俗的であろうと宗教的であろうと、人の意思と行動との間に「髪の毛一筋程の隙も無い」とされたときに経験される。電流は陽極から陰極へ直接流れる。練達の域に達していない人の場合には、意志と行動との間に絶縁膜がある。人はそれのことを「見る我」とか「妨げる我」といい、特別な種類の訓練によってそれが取り除かれた時には、達人は「我それを為す」という感覚をすべて失う。回路は妨げなく完成する。行為は努力を要しない。それは「一点に向かう」のである。行為者が心に描いた行いは完全に実現される。

　まず、彼女の言う「無我」の概念が特定の分野に偏ったものでなく、或る広がりを持っていることが認められています。即ちこの引用文の後半で言われていることが、武術であろうと芸術であろうと社会的あるいは経済的行為であろうと、そういう区別には関係なく成り立つことが示唆されています。そしてこの引用文の後半は明らかに鈴木大拙の著書に基づいて書かれたものです。彼は禅研究の権威者で、その言葉は的確です。ここに書かれていることは、単に禅の修行に

おいて留意すべきであるにとどまらず、何事にせよ練達の域に達したいと望むなら心がけるべきなのです。

　ここに日本が恥の文化の国でありながら人々が独創性を失わず、環境の変化に順応しながら常に周囲の国々に比べて見劣りしない文明を持ち続けた理由の一端が見えます。しかしこれだけでは十分ではありませんから、この後も注意を怠らぬようにしましょう。

3・3　外国人には無視されるが日本人には極めて大切な思想

　次の文は『菊と刀』の第11章からの引用ですが、ベネディクトは禅をアメリカ人に理解させるためにずいぶん苦心したようです。

　　ヨーガ哲学の究極的教義も日本人には馴染みの無いものである。それは大宇宙と恍惚の内に結びつくことを専門家に教える神秘的技法である。世界中どこでも未開人も、イスラム教の修道僧も、インドのヨーガの人達も、中世のキリスト教徒も、神秘主義的経験がいきわたっている限りどこでもほとんどあらゆる所で異口同音に「聖なるものと一つになる」と言い「この世のものでないエクスタシー」を経験する。日本人は神秘主義的でない神秘主義のテクニックを持っている。だからと言って彼らはそれらが恍惚状態にならないというのではない。彼らはそれをする。だが彼らはそれを恍惚とは言わない。禅

仏教では他宗教で言うような、恍惚状態で五感が働かないということは言わず、この技法によって「第六感」が特に鋭い感覚としてもたらされるという。第六感は心の内にあり、味覚、触覚、視覚、嗅覚および聴覚は恍惚の内にもそれぞれ特別の訓練をされ、更にそれを超える訓練を施される。グループの禅の試験問題としてこんなものが出題されることがある。すなわちある場所から別の場所へ音がしないように歩くのを正確に追跡するとか、うまそうな食物の匂い —— わざとそれを漂わせるのである —— を嗅ぎ分けるということを、恍惚を破らずにできるかどうかが試されるのである。嗅覚、聴覚、触覚及び味覚は第六感を助けて、人はこの状態が「すべての感覚を鋭敏」にするという。

言うまでもなく『菊と刀』は日本人に読ませるためではなく、アメリカ人に読ませるために書かれた本です。だから仕方のないことですが、この文は、私たち日本人にとっては禅の修行の解説というよりはむしろ禅が国際的に認められていないこと、言い換えると国際的な舞台では端役でさえないことを教えるものです。欧米人の常識から見ればそういう小さい存在であっても、ベネディクトがアメリカ合衆国国務省から課せられた課題の中に占める重要性は格別でした。彼女の炯眼は日本人全体における思想の中核としての禅の重要性を把握したのです。これは日本人自身にとっては思いがけない事でしたが、この章で少しばかり立ち入った説明を読み、次の章で日本人が禅に対して、無意識的に、外来思想としては

格別の取り扱いをしたことを知れば納得のいくことでしょう。

3・4　神秘経験（禅と似ているが違う現象）

　前節では、世界中に禅と紛らわしい宗教的行動が種々あることが述べられました。ここではそのうち代表的なものを一つ採り上げてそれが禅と本質的に違うことを明らかにしましょう。

　ここに引用するのはW・ジェイムス著『宗教的経験の諸相』に載っている16世紀のキリスト教の聖女テレサの体験談です。

> 「合一の祈りにおいて」と聖女テレサは言う。「魂は神に関しては十分に醒めているがこの世の事物と魂自身とに関してはまったく眠っている。」合一の続く時間は短いが、その間、魂はまるで、一切の感覚を失ってしまったかのようである。要するに、魂はこの世に対してはまったく死んだも同然でただ神のなかでのみいきているのである。……このような状態において、魂がなお呼吸するだけの生命を持っているのかどうかも、私は知らない。持ってはいないように私には思われる。あるいは少なくとも、もし魂が呼吸しているにしても、魂はそれに気づかずにいるように思われる。魂の知力は魂の中で行われている事柄について幾らかでも理解したいと思うであろうが、もうほとんど力を持たないのでどうにも活動

することが出来なくなっているのである。こうして一種の気絶に陥る人は死んだ者のように見える。

　こうして神は、或る魂を引きあげて自分と合一させようとなさるときには、魂のすべての能力の自然的な活動を停止せられる。神と合一している間、魂は見もききもせず、理解することもない。しかしこの合一の時間は常に短く、そして実際よりさらに短いようにさえ思われる。魂が我に返った時自分が神の中にあり神が自分の中にいましたことを疑うことがまったく不可能なうちに、神は魂の奥深くに身を置きたもうている。この真理は魂に強く印象されたまま何時までも残るのでこの状態が繰り返されることなく長い年月が経過した後でさえも、魂は受けた恩恵を忘れることもできなければ受けた恩恵が事実であることを疑う事も出来ない。それにも関わらず、神との合一の間は視力も悟性も持っていなかったのに、その魂がどうして神の中にあったということを見たり理解したりできるという事が可能なのか、と尋ねる人があれば、私はそれに答えて、魂はその時それを見ないのであるが、後になって、魂が我に返った時に幻視などによってではなくて、それを明確に見るのである、と言おう。神が万物の中にいますその神の在り方は、現前によるか、力によるか、それとも本質によるかでなければならぬという真理を知らなかった人は、私がここに語っているような恩恵を受けて後には、この真理を信じて微動だにしなかったのを私は知った。

　テレサの体験談はまだ続きますが、これだけでも「神秘体験」と「悟り」の違いの説明はできます。先ず、禅の修行者が悟るのは決して「死んだも同然」になるのではありません。彼は明確な意識を持ちながら新しい世界に入るのです。彼の悟性は眠っているのではなく、瞬時に新しい世界を自分のものにする活動を始めます。彼の眼、耳、鼻、舌および皮膚にはそれまで感じなかったものが感じられるようになります。テレサの神秘体験にはこういう積極性がありません。

3・5　悟　り

　鈴木大拙は『禅と念仏の心理学的基礎』の前編第二章「禅における悟の意義」の中で悟りを次のように解説しました。

　　悟りは斯く如くの禅のすべてである。禅は悟りを以て始まり、悟りを以て終わる。悟りの無き処に禅はない。古人の言ったように「以悟為即」である。悟りは単なる静寂の心的状態でもなく、精神的活動の停止でもない。それは認識的特性を帯びたる内的経験であり、そこにはある種の覚醒がある。それが相対的な意識の領域から出てくる一つの転回である。而してそれが我々の日常生活を特徴づける普通の経験様式そのものから生じてくるものである。これに対する大乗仏教の術語は転依であり、意識の基底における転回または転倒を意味する。これに依って我らの精神的景観の上に招致し得るとは不思議な現象である。然も、禅の記録は之を確認している。

更に同編第十「看話工夫に関する諸種の一般的叙述」では次のようにも言っています。

　　精神の統合が、かくしてその最高頂点に達する時、無機的意識状態を生ずる。これは宗教心理学者によって往々に誤られて「恍惚（エクスタシー）」と認められるところである。禅意識の状態は本質的に、恍惚と言われているものと、次の点において相違する。即ち恍惚は、受動的観照の結果で、心的諸能力の停止を意味するが、無意識の場合においては、これに反して、人格構成の根本的能力が最も強烈に活動するときに現前する意識態である。この根本的諸能力はこの場合積極的に働いて或る単なる対象に向かって集中せられる。これは経典に言う「一縁」の状態であり、また「大疑」の状態である。これは意識的なるものと無意識との、両者の内容を具しているところの経験的意識がそれ自身の境界線を突破して、直ちに「不可知」「彼岸」「無意識」などと云われるものに接触し、将に一種の認識に到らんとする極点である。恍惚においては、斯くの如き突破または転移というべきものがない。何となれば、それはそのままで究極性を持ち、静態をどこまでも続けていく。したがって転覆も転回もない。

　これらの論説は、キリスト教を始めとする世界中の諸宗教や世俗的信仰と禅との間に大きい隔たりがあることを示しています。

3・6　峻厳な個人主義（rugged individualism）

　11世紀に起こった前九年の役の衣川合戦において、源義家は敗走する敵将阿部貞任を追い、弓を引き絞って、大声で「衣の館（たて）はほころびにけり」と、覚悟を迫りました。勿論両人とも騎馬で全速力を出していました。義家のこの声を聴いた貞任は、間髪を容れずに「年を経し糸の乱れの苦しさに」と、連歌の形で応えました。今にも自分の命を奪う矢が飛んで来ようかという瞬間にこんな詩作をするという、天晴な心に感動した義家は一瞬ためらいました。その隙に乗じた貞任はうまく逃げてしまいました。

　これを義家が意識的に逃がしたとする説もありますが、いずれにせよその日の軍事行動の目的が放棄されたのですから、それは義家の大失敗に違いありません。この失敗は彼が貞任に心を奪われたことによると言っても良いでしょう。

　また、衣川合戦から約130年後の屋島合戦ではこんな事がありました。源氏方の武者那須与一が平家軍の軍船上に掲げられた扇の的を一矢で見事に射落としました。この美的興趣溢れる行動に対して源平両軍の士卒は惜しみなく喝采を贈りました。その中で、平家方の一人の武者が船上に立ち上がり、踊り始めました。これを見た源氏の大将義経は、与一に命じてその武者を射殺しました。いかに美的雰囲気が満ちていようともそこは戦場です。踊った武者の方に落ち度があります。しかしその落ち度の陰に両軍が共通の文化の型（恥の文化）を持っていたことを忘れるわけには行きません。もちろんこれは衣川合戦についても同じ事が言えます。

二つの出来事の環境はどちらも、ユング心理学で言う自己（self）が当事者全体を覆っていたと見ることのできるものでした。自己について詳しい説明をすると長くなりますのでここでは河合隼雄が無意識の解説に当たって引用したユングの言葉を紹介するだけにします。これは空間的に接近した複数の人間が、血縁や経歴上の縁などとは関係なく自己を共有することを巧みに言い表しています。

　　かつてユングに対して、自己という事を「もっと具体的に見えるもので何なのかを言ってほしい」と迫ったとき、かれは「ここにおられるすべての人、皆さんが私の自己です」と答えたという。

　日本の武士は、社会的階級として地位が定まった当初からこの問題を背負っていました。戦場で生死を争う相手が自分の「自己」の一要素であるのは、意識されないことですがそれでも具合の良くない事です。彼らは現代的に言えば個人主義を求めていたのです。そこへ栄西と道元によって中国から禅がもたらされました。その教えの中枢とも言うべき悟りが全く個人のものであって、どれほど親密な間柄であっても別の個人には少しもかかわりが無いことが知られると、禅の修行を志す武士が多く現れました。そればかりか芸術家の間にも禅を志す人々が多数輩出しました。悟りによって世界観が一新される、しかもそれが全く個人の問題だということであれば、芸術家としては無関心で居られないでしょう。禅門からは雪舟、世阿弥、利休等、日本を代表する偉大な芸術家が

多数輩出しました。

　そして更に注目すべき事には、庶民も禅に強くひかれました。既存の仏教諸宗派はそれぞれ既に庶民の生活に深く浸透していましたが、それらの多くは他力本願を掲げ、この世で信心が厚ければあの世では極楽浄土に入れるが、この世で仏をあがめない者は地獄に落とされるというような、観念的な教えを振りまいていたのですが、禅の教えが自力本願であり、厳しい修行によって悟りを開けばこの世に生きながら新しい人生が実現するということを知れば古い教説を捨てる人が続出するのは当然です。勿論誰でも悟りを開けるわけではなく、厳格な関門があることはよく知られていましたが、悟りを開いた人物が古い権威に頼って勉強不足に陥った僧より信頼されたのは当然です。

3・7　公　案

　公案と座禅は禅の修行方法の双璧です。座禅では、修行者は一定の姿勢で座り、眼は軽く閉じて頭は雑念を去り、無念無想になります。禅を修める者は修行者ばかりではなく熟達者も欠かさず実行するものです。この意味においてこれは公案とは大いに違います。公案は修行者が悟りを達成すると同時に放棄されます。

　座禅では複数人が同時に指導を受けるのは普通のことですが、悟りは必ず個人において成り立つものであって決して複数人が同時に、あるいは関連して悟ることはありません。したがって修行者と指導者との関係は常に一対一です。門弟は

彼自身以外の源泉からはどんなに重要な事でも学ぶことは出来ません。彼が悟るのは、彼自身のうちにあるものが成熟してある意味での破裂をする事なのです。師は最も乱暴に弟子を扱うのが最も良いと言われています。たとえば、弟子が茶を飲もうとして茶碗を口に持っていこうとするときに無警告で茶碗をたたき落としたり、突然指の関節を火箸で打ったりして弟子がハッとするその瞬間に洞察がひらめくように仕向けることもあります。『碧巌録』にはもっと極端な例が載っています。中国宋時代のある禅僧は誰が来て何と尋ねても常に一指を立てました。仏法知の大意も、祖師西来の意も、何もかもその一本の指で応えてしまったそうです。この和尚に従っていた小僧がその真似をして、また何事にも一本の指を立てましたが、ある日和尚が小僧を呼んでこのことを問いただしたところ小僧は単なる真似であることを告白しました。和尚が小僧に指を立てよと命じ、小僧がそれに従ったところ、和尚はいきなりそれを捕らえて立てた指を切りました。小僧は痛い、痛いと叫んで逃げましたが、呼び止められて振り向くと、和尚は指を立ててこちらを見ています。それで自分の手を見ると右の人差し指がありません。この瞬間に小僧は悟ったということです。

　教育の方法としてそういう乱暴なものがある一方、公案の素材の選択は深遠な配慮の下に行われました。それはある課題を門弟に与えて解答を求めるものですが、その問題集はすでに出来上がっており、解答例も公開されています。しかしそこにある問題が課せられたからと言ってそこに掲げられた解答を出しても何にもなりません。自分でなければできない

解答をしなければいけないのです。そしてそればかりでな
く、師匠を感心させなければなりません。

　鈴木大拙によると公案とはそれによって学人の禅的理解が
正常であるか否かを検するものであり、一般に古徳のなした
ある垂示か、又は、彼が問者に与えた応答などが利用されて
います。鈴木は更に公案の例をいくつか示しましたが、その
中の若干は『菊と刀』に引用されました。ベネディクトはそ
の問いの方を掲げ、答えは載せませんでしたが、その答えは
私たちが日常的に親しんでいる論理からすればまったくトン
チンカンで、容易に理解できません。それについて彼女は
Koan enshrine the dilemma of life.（公案は生命のジレンマを奉
る）と明言していますから批判することはありません。それ
にしてもなぜそんなトンチンカンな問答がされたのか知って
おくことは、私たちに必要です。その点について鈴木はこう
書きました。

　　　すなわち、かかる問題が新到僧に解決せられるべく与
　　えられる時、禅師の目的とするところは、如何なるもの
　　であるか？　その思うところは、新到僧の心中に禅意識
　　の開発を促すにある。即ちこれらの公案的叙述によりて
　　表象せらるるところの意識状態を再現せしむるにある。
　　この心的状態が悟りの意識である。それ故悟りなければ
　　禅は封ぜられたる書籍である。

　この後鈴木は公案制度が生まれた事情と、それが生まれた
ことによって現れて来た問題点を論じましたが、それは省略

します。私たち『菊と刀』を読む者にとって大切なのは、その後に続いている公案の機能の叙述です。これは長いので、専門的な問題に深く立ち入っている部分を省略して掲げます。

　　かかるなりゆきの下で、自ずから浮かび来たるべき方法は、古徳のなせる垂示などの適当なものを選び、之を新到僧の思索の指針として用いることであった。それで指針の機能は二つの方向に働く。（一）知性の働きを制止すると云わんよりは、むしろ知性をして、自らは奈辺まで到達し得べき力あるかを知らしめ、而して又知性はそれ自体においていかにもがくとも、決して到達しえざる領域の存する事実を知らしめること、（二）禅意識の成熟を将来して、畢竟は悟の状態にまで進出すること。公案が第一の方向にうごくときは、「工夫」と呼ばれ来ったものが生ずる。知性は、それ自体にては、我々の存在の一部分のみを構成するのであるが、この知性の代わりに、心身を合わせての全体的人格が働いて、それが公安の上に投下せられる、この精神的緊張の異常なる状態が、経験ある師によって導かれ、成熟せしめられる時、公案は自ずから発展して、禅経験と名付けられたものになる。ここに禅の真理の直覚が達成される。何となれば、修行者（ヨーギン）がそれまでその全体を挙げて、打当たっても遂に徒爾であったほど堅牢無比であったこの鉄壁が、今や見事に崩壊して、彼の眼前には従来いまだかつて視なかった新しい景観が展開する。公案が無い

と禅意識はその指示を失する。而して悟の状態は決して現前して来らぬであろう。心理学的窮境は悟りの必然的先行条件である。以前にあっては、即ち、看話禅流行以前にあっては、先行的指示は行者自身の熾烈な霊性の能動によりて、彼の意識の上につくり出された。しかしながら禅が史的になり、「問答」の形式による禅文学が集積してくると、おのずからその間に一種の組織化ができあがる。その時、公案不可欠なる事情が、当然に禅匠たちによって普遍的に承認せられるようになる。

　禅経験の最悪の敵は、少なくとも初期においては、知性である。そうして知性の特質は主観と客観を分別し、その分別性を主張する所にある。分別的理性は、それゆえに、もしも無意識なるものが認められる限りにおいて、直ちに排除せられねばならない。而して公案はこの目的を果たすため優れた役割をつとめるようになっている。

　……（中略）……

　術語をもって表現すれば、未到者に与えられる公案は「断命根」（命根を断つ）、「愉心死」（愉しい心で死ぬ）、「死知無量劫来全心」（知無量にして劫来れば全心死す）等を意図せるものである。こは殺人的な響きを有するであろう。然しながら、究極の意図は分別知性の限界を超脱することである。而してこの限界は、自己の支配し得る全精神を傾倒して、自我を支持するすべてのものを困憊の極に到らしむることによってのみ、超脱せられ得る。論理は、その折、心理に転じ、知性は意力と直

覚に転ずる。経験的意識面（エンピリカル　コンシャスネス）にあって解決せられなかったものが、今や「無意識」の深奥処に推し沈められるのである。それで禅者は云う、「一たび全身に白汗三斗を浴びるにあらざれば、順風に帆をかけて進む船を見るを得ず」と、またいう、「汝一たび通身汗流るるを覚えなければ、一勁草の上に金殿玉楼を見ることを能わぬ」と。公案はこれ以上の容易さではどうしても解決の途につかぬものである。最強度の意志力が要求せられる。しかしながら、一度豁然として解け来れば、公案は門戸を敲く一片の瓦石に等しい。開門と共に投げ捨てるべきである。公案は、心的門戸が閉鎖されている限り、有用である。然しながらそれが開けるとき、公案は忘れらるべきであろう。開門後に見るところのものは、全く予想世ざりしもの、曾て想像だにも描きえなかったものである。然しながら公案が、かくして新たに獲得された見地から、又翻って再検討を加えられる時、よし此処に技術的な何物をも存せずとはいえ、その如何にも霊妙にして示唆的であり、如何にも凱切直截に出来上がっていることを認めぬわけには行かぬ。

　この見事な解説に筆者が言葉を差し挟む余地はありません。

3・8　東洋哲学の大きい特徴

　唐の名僧南岳懐譲（677－744）が若い時、慧能禅師を
慕って入門を願い出たところ、「何者か恁麼（いんも）に来たる」とい
う公案を課せられました。これは「お前は何者だ」と言われ
たのと同じと考えても良い質問ですが、それに対して自分の
名前や、住所や、出生地や、経歴などを言っても答えになり
ません。それで彼は考えに考えて、八年を費やしました。そ
してようやくたどり着いた結論は「説似一物即不中」すなわ
ち「何かを説明したつもりでいるが、それに似た事を言うば
かりで的中しない」でした。もう少し詳しく言うと「人間が
する説明（認識と言っても良い）には必ず不確定性がある
が、それは人間の本質から来るのであって、避けられない」
ということです。これは７世紀の事です。

　そこには西洋の学者たちが厳密なものにこだわって不確定
性を目の仇にしていたのとは大いに異なる態度があります。
此の事を考えるとき、井筒俊彦が『意味の深みへ』の第１章
で述べた次の言葉は、特に南岳を指して言ったのではありま
せんが、重要なことを言い当てていることが解ります。

　　しかし、哲学思想の根源を為すこの「自己」探求が、
　東洋文化の伝統においては、ほとんど例外なく、純粋に
　主体的な探求であったということが、まず注目されま
　す。即ち「自己」を理念的あるいは概念的に理解するの
　ではなくて、そのような知的操作に掛ける前に、まず哲
　学者たる人間が真の「自己」を自分の実在の深みにまで

主体的に追求していきそれをみずから生きるというこ
と、いわゆる東洋的なるもの、すなわち東洋的主体性の
現生です。かつてオスカー・ワイルドは、「古代世界の
入り口には『汝自身を知れ』というモットーが掲げられ
てあったが新しい世界では『汝自身となれ』と書かれる
べきである」と申しました。これこそ東洋の哲人たちが
哲学の根本問題として、数千年間関わってきたところで
あります。

　このような形での主体性探求が、人間の日常的自然的
態度に真正面から反対するものであることはいうまでも
ありません。生の日常性のレベルにおいて主役を演ずる
主体性は本論の初めの部分でお話しした「自我」つまり
セルフから区別された意味でのエゴであります。「自我」
の働きを中心とする日常生活においては、人は自分自
身、および自分が主体的に関わりあういろいろな客観的
事物の存在について疑問を抱かない。つまり、自分と世
界とが現に自分が見たり考えたりしているのとは本当は
まるで違ったものではないか、などということは思って
もみない。

　そういう自然的態度を、現象学的社会学者アルフレッ
ド・シュッツは存在世界についての「日常的エポケー」
と呼んでおりますが、東洋哲学はまさにこの自然的態度
特有の判断中止（エポケー）そのものを中止する所から
始まる、と言ってもいいかと思います。かんたんにいえ
ば、それは、自分自身の内面の深層をどこまでも追究す
ることによって、存在の深層を底の底まで究明しようと

することでありまして、そこに東洋哲学の大きな特徴が
あります。

　このように言われると、南岳が掲げた答案は見事に東洋哲
学の特徴を反映したものであることが理解できます。西洋人
が人間の無意識を学問の対象にし始めたのは19世紀末期の
ことですが、東洋人はそんなものとは比較にならない昔から
それを手掛けていたのです。しかしながらそこに得られた知
識が後世に役立てられたかというと、必ずしも満足できる状
態ではありません。その理由は単純ではありませんが、一つ
にはそれを学問として担った人たちが言語を十分に信頼しな
かったということが挙げられます。これはある意味では仕方
のない事と思われます。なぜなら、言語は無意識に関する情
報の伝達に向かないからです。言語の機能は人間に意識され
るものを分節することにありますが、意識されないものに対
してはどうすることもできません。それで、無意識がある役
割を持っている現象については全く役に立たないのでしばし
ば邪魔者扱いにされるのです。

　しかしそれでも稀に禅の応用と見られる特殊な技術が文字
にされることがあります。本書では次節以下にその例を二つ
掲げます。それらは近世以後の西洋の学問の進路と全く違っ
た方向を指し示す学問の可能性を示唆するもののように思わ
れます。

3・9 沢　庵

3・9・1 『不動智神妙録』

　17世紀に沢庵によって書かれた『不動智神妙録』は貴重な文献です。ここでは鈴木大拙の著書を通じてそれを見ましょう。鈴木は『禅と日本文化』第4章「禅と剣道」で沢庵が柳生但馬守に与えた文を紹介しましたが、それに対して鈴木が呈した評言を先に見てから沢庵の文を見ましょう。

　　次に示すのは禅と剣道との関係について柳生但馬守に送った沢庵和尚の書簡である。それは『不動智神妙録』と題されている。それは剣道一般の秘訣を説くのみならず、禅の根本義にも触れているから、色々の意味で、重要な文献である。日本では、おそらく他の国でもそうだろうが、単に芸術を技術的に知るだけでは、真にそれを熟達するには不十分である。此精神は、彼の心が生命それ自体の原則と完全に共鳴した時にのみ、即ち「無心」として知られる「神秘的」な心理状態に達する時にのみ、把捉される。仏教の語義からいうとそれは生死の二元論を超越することである。ここに至れば一切の芸術は禅となってしまうのである。沢庵はこの傑れた剣士に与えた書簡の中に無心の意義を極めて強調している。無心は、ある点において、「無意識（アンコンシャス）」の概念に当たると見てよい。心理学的にいえば、この心の状態は絶対受動のそれで、心が惜しみなく他の「力」に身を委ねているのである。この点で人は意識に関する限

り、いわば自動人形になるのである。然し、沢庵が説く
ように、それは木石などの非有機的な物質の無感覚性及
び頼りない受動性と混同してはならぬ。「無意識に意識
すること」この目も眩むばかりの逆説（パラドックス）
以外に、この心的状態を記述する道はない。

それでは沢庵が柳生但馬守に送った文を見ましょう。

　無明とは明になしと申す文字にて候。迷を申し候。住
地とは、止る位を申す文字にて候。仏法修業に、五十二
位と申す事の候。その五十二位の内に、物事に心の止ま
る所を、住地と申し候。住は止まると申す義理にて候。
止ると申すは、何事に対しても其事に心を止るを申し
候。貴殿の兵法にて申し候らば、向こうより切太刀を
一目見て、その儘にそこにて合はんと思えば、向こうの
太刀に其儘心が止まりて、手前の働が抜け候て向うの
人にきられ候。是れを止まると申し候。打太刀を見るこ
とは見れども、そこに心をとめず、向うの打太刀に拍子
合わせて、打たうとも思はず、思案分別を残さず、振上
げる太刀を見るや否や、心を卒度止めず、其儘付入て、
向うの太刀にとりつかば、我をきらんとする刀を、我が
方へもぎとりて、還て相手を切る刀となるべく候。禅宗
には是を還把＝槍頭＝倒刺レ人来（かえって槍頭を捉え、
人を刺すにいたる）と申し候。槍はほこにて候。人の持
ちたる刀をわが方へもぎ取りて、還って相手を切ると申
す心に候。貴殿の無刀と仰せられ候事にて候。向こうか

ら打つとも、我から打つとも、打つ人にも打つ太刀にも
程にも拍子にも、卒度も心を止れば、手前の働きは皆
抜け候て、人にきられ可ㇾ申候。敵にわが身を置けば、
敵に心をとらえ候間、わが身にも心を置くべからず。我
が身心を引き締めて置くも初心の間、習入り候時の事舖
なるべし。太刀に心をとられ候。拍子合に心を置けば、
拍子合に心をとられ候。我が太刀に心を置けば我が太刀
に心をとられ候。これ皆心のとまりて手前抜け殻になり
申し候。貴殿御覚え可ㇾ有（あるべく）候。仏法と引当
て申すにて候。仏法には、此止まる心を迷と申し候。故
に無明住地煩悩と申すことにて候。

　この文と先に掲げた鈴木の論評とを突き合わせて見るなら
ば、いろんなことが言えますが、ここでは一つだけ採り上げ
ることにします。沢庵の文の中で最もすごい所は「打太刀を
見ることは見れども、そこに心をとめず、向うの打太刀に拍
子合わせて、打たうとも思はず、思案分別を残さず、振上げ
る太刀を見るや否や、心を卒度止めず、其儘付入て、向うの
太刀にとりつかば、我をきらんとする刀を、我が方へもぎと
りて、還て相手を切る刀となるべく候」という文です。ここ
に描写された光景もすごいけれども、本当の凄さは外見に現
れない所にあります。注意したいのは、自動詞「とりつく」
です。これには三つの意味があります。「すがりつく」とい
う意味（仮にこれを①とします）と、「（霊魂などが）乗り移
る」という意味（これを②とします）と、そして「着手す
る」（③とします）ですが、この場合③は考慮するに及ばな

いでしょう。敵が太刀を振り上げて切りつけてくるときにその太刀をもぎ取るという話ですから、普通には①の意味にとられるかもしれません。しかしその解釈だけで分かったつもりで居ると、大切なことを見落とします。その前に「心を卒度止めず」という句があるのを忘れてはなりません。それはここに引用された段落の全体で強調されたことです。すなわち敵であろうと自分自身であろうと、意識であろうと無意識であろうと、如何なる事柄についても心を留めないということです。これは①だけでは充足できない問題で、どうしても②も考慮しなければなりません。

　こういう事を真面目に考えれば、どうしても意識の世界と無意識の世界との境界を越える考察、それもフロイト流の個人主義的考察でなく、ユング流の社会を対象とする考察をしなければならなくなります。これまでに見た鈴木の解説も、井筒の論説もこれを支持する姿勢を示していますが、心理学の専門家たちはどう考えているのでしょうか。西洋人に遠慮する必要は無いと思いますが……。

3・9・2　社会による認知

　ここで一つ注意をしておきます。前項で見た沢庵の思想が日本人のものとして注目されるについては、或る条件が満たされねばなりません。この項ではそれを追究します。そのために一人のスペイン人を登場させます。その名はファン・ベルモンテで、職業は闘牛士です。この人は鈴木大拙著『禅と日本文化』に登場します。鈴木は彼に関してやや冗長な記述をしましたが、ここではできるだけ切り詰めて話を進めま

す。ここに引用するのは、闘牛場で猛牛と対決したときのことを彼自身が述べた部分です。

　　相手の猛牛が出て来るや否や、私はそっちへ向かっていった。二度目のパーセで、観客が立ち上がってワッと叫ぶのが聞こえた。私は何をしたのか。私は不意に公衆も、他の闘牛士も、私自身も、そして相手の牛のことさえも忘れた。私は以前、囲地や牧場で夜独りで屡々牛と闘ったように、闘い始めた。まるで黒板に図案を描いているような精確さで闘った。ケープする私のパーセとムレータする私の動きは、その日の午後、見物に来た人々にとって、闘牛術における一種の天啓であったということだ。私は知らない。私には判断する力はない。私はこう闘うべきであると信じた通りに闘ったに過ぎない。やっていることに信を持つ以外に何等の考えをも持たなかった。最後の闘牛をやった時に、私は観衆のあるなしには意識を持たずに、唯闘うと云うことの純粋な歓びに自分の身も魂もまかせきることに初めて成功したのだ。

この文中の数カ所の表現は彼が無我の境地に入ったことを示しています。鈴木はこれを評して「闘牛の術は明らかに日本の剣道と酷似する。……(中略)……此闘争において彼は、柳生但馬守に与えた沢庵の書簡の中に述べてあるあの心境を自覚して居ると言ってよい。このスペインの闘牛士が仏教的鍛錬を持っていたなら、きっと不動智に徹底したに違い

ない」と言いました。それは一道の達人が無我の境に入ることが日本人だけの特殊な心理に基づくのでないことを強調する言葉です。能力（competence）の問題はともかく、練達（expertness）の問題として見ると、剣術と闘牛との間には大きい違いは無いということになります。

　しかしながら個人の水準を離れて、社会の水準でこれを見ると、両者の間には明瞭な違いが認められます。もちろん、ベルモンテは仏教的鍛錬を受けていません。ではそれに代わる何等かの鍛錬を受けたかというと、鈴木が掲げた文を見た限りでは、それはありません。無我の境地に到達する道は、夜の牧場や囲地で牛を相手に稽古を積みながら、誰の指導も受けずに独力で切り開いたのです。闘牛はスペインの国技であり、芸術と考えられているにもかかわらず、彼は沢庵禅師のような指導者を得ませんでした。

　ベネディクトはこの相違を見逃しませんでした。彼女は闘牛には触れませんでしたが、鈴木の著書を精読していましたから上の問題を把握していたに違いありません。そして彼女は『菊と刀』の第 1 章の中程にある The anthropologist knows many cultures... で始まる段落では「人類学者にとっては、全体として多くの特色を共有している複数の人間集団の間にあるコントラストを研究することほど役に立つものはない」と言いました。日本とスペインとの間には鈴木が認めた共通点があります。ところがその共通点がどんな社会的背景（the way）を持っているかという点では明確に見分けられる相違があるのです。それは社会が人間を作る際の方針の違いです。日本が恥の文化の国であり、スペインが罪の文化の国で

あることがそういう所にこそ反映しているのです。

3・10　阿波研造とヘリゲル

3・10・1　心で弓を引く

　この節ではE・ヘリゲル（1884－1955）著『日本の弓術』
に描かれた阿波研造の弓術訓練方法を採り上げます。ヘリゲ
ルは1924（大正13）年から1929年まで東北帝国大学（現在
の東北大学）で哲学と古典語の講義をしました。彼は当時神
秘主義に関心を持っていたので、日本で仕事をするなら禅を
詳しく知る機会があるだろうと思いました。禅と神秘主義と
の関係については詳しく理解していたとは思われませんが、
とにかく日本に五年間滞在できるということはドイツに居た
のではできない経験ができるということで、張り切って来日
しました。そして早速日本人の友人を介して禅寺に入門の申
し入れをしましたが、大学の勤務の傍ら修行をするのは不可
能だとわかりました。それでその友人の勧めに従って、純粋
に日本的な武芸の一つである弓術を、当代最高の指導者阿波
研造の下で修めることを志しました。阿波は当初外国人を入
門させることに難色を示しましたが、ヘリゲルの真面目な態
度に好感を持って入門を許しました。

　最初に施された訓練は、次のように言い表されています
（一人称の代名詞が複数なのは、彼と、彼の妻とが共に指導
を受けたのでそうなっているのです）。

　　　私たちが最初の時間に学ぶべきことは、無術の術に到

る道は容易ではないということであった。先生は私たち
によく見ているようにと言ったのち、弓を引き絞って、
射放った。それはたいそう見事に、しかもたいそう簡単
に見えた。それから先生は、稽古弓を私に渡して、「弓
術はスポーツではない。したがってこれで筋肉を発達さ
せるなどということのためにあるものではない。あなた
は弓を腕の力で引いてはいけない。心で引くこと、つま
り筋肉をすっかり緩めて力を抜いて引くことを学ばなけ
ればならない」と言われた。

　この段落で最も大切な句は「心で引くこと」です。それ
は、ここで言われている筋肉を緩めるとか力をぬくという
ことばかりでなく、弓で矢を射るということが物理の問題以上
に精神の問題であることを示唆しています。五年に亘る彼の
波乱に満ちた修業はこの一句を実現するためであったと言っ
ても良いでしょう。そしてその艱難辛苦の先に見えてくるも
のは、阿波師範も、ヘリゲルも明言しませんでしたが、非常
に深遠な問題です。しかしそういう難しい話は後にして、こ
こでは修業を始めたばかりのヘリゲルが戸惑う様子を見ま
しょう。

　　先生が矢を放つのを見ていると、少しも衝撃は起こら
なかった。先生の手はふいにひらかれて、それがどうな
るのか見る隙もなく、稲妻のような疾さで行われた。私
はいくらその通りに倣おうとしても無駄だった。そこで
私は自分で謎を解こうという欲は捨て、自分はこれ以上

どんなに進もうと思っても進めないと先生に告白した。「あなたがそんなに立派な"意志"を持っていることが、かえってあなたの第一の誤りになっている。あなたは頃合いよしと"感じる"かあるいは"考える"時に、矢を放とうと"思う"。あなたは意思をもって右手を開く。つまりその際あなたは意識的である。あなたは無心になることを、矢がひとりでに離れるまで待っていることを、学ばなければならない」と先生は言われた。私は「しかしそれを待っていると、いつまで経っても矢は放たれません。私は弓を力の続く間張っています。そうしてしまいにはまったく意識的に矢を放してやらなければ、張った弓に両腕を引き寄せられて、矢はまったく放たれるに至りません」とお答えした。すると先生は「待たなければいけないと言ったのはなるほど誤解を招く言い方であった。本当を言えば、あなたは全然何事をも、待っても考えても感じても欲してもいけないのである。術の無い術とは、完全に無我となり、吾を没することである。あなたがまったく無になる、ということがひとりでにおこれば、その時あなたは正しい射方ができるようになる」と答えられた。

　明白に、無我が要求されています。己を無にしなければ正しい離れができないというのです。しかし己を無にすることはなかなかできませんでした。ヘリゲルは散々悩んだ挙句、自分にはそういうことはとてもできそうにないと諦めて、滑らかに弦を放すように右手を動かすテクニックを考え出しま

した。つまり彼はそれを技能の問題として処理しようと試みたのです。しかしそれは弟子を練達の士に育てようとする先生の方針に反することでした。ヘリゲルが黙ってそのテクニックを実行すると、先生はたちまちそれを見破って、彼から弓を取り上げました。彼が人を介して鄭重な侘びを入れなかったらきっと破門されたでしょう。

　それから後に稽古がどのように進んで行ったかは、二つの段落にわたって詳しく述べられています。第一の段落を見ましょう。

　　私は、じぶんにとって、精神的にはとうてい達し得ないと思われることは技巧的に解決するよりほか道が無いと思うということを、つぶさに申し述べて、先生にはっきりとわかっていただき、それでようやくその時の私の窮状を理解し、謝辞を聞入れて下さった。その後私が先生の戒めに、全面的に服従していることに疑う余地がなくなるまで、きわめて重要な練習が徹底的に何度も繰りかえされた。そのようにして一年もはや過ぎ去るかと思われた頃、初めて先生から完全と認められる発射に成功した。呪縛は明らかに断ち切られていた。良い射方が次第に悪い射方よりも多くなった。しかもどのようにして正しい射方をするかと問われれば、私は知らないとしか答えることができない。自分は少しも手を加えず、またそれがどうなるのか見守ることができないが、矢はすでに放たれているのであった。

「どのようにして正しい射方をするかと問われれば、私は知らないとしか答えることができない」という文があることに注意しましょう。これは心が通常でない状態になったので言語的表現が妨げられたことを暗示しています。この場合「通常でない状態」というのは、常識の範囲を外れて無意識に入り込んだ、とでも言えば良いかと思います。前にも言いましたが、言語は意識に分節を施すものです。しかし無意識に対しては何もしません。阿波先生の訓練は意識を排除するもので、禅においては古くから行われていたことです。3・4節で見たテレサの発言の中にも似た表現がありましたが、それはこの場合とは区別すべきです。なぜなら、彼女の場合には、それはエクスタシーと感じられ、そのままで神との合一と受け止められましたが、ヘリゲルの場合には、その「通常でない状態」は発射という、一つの階梯で起こった現象にすぎず、目指す所はもっと先にあるからです。

3・10・2　第2の矢は第1の矢の筈を割った

　次に掲げる段落はヘリゲルの上に次々と難問が降りかかってきたことを示しています。

　　このようにして四年の後、先生は私たちにいよいよ最後の課題を与えるべきだと認める日が来た。それは的を射ることである。……(中略)……今度は私たちは、たっぷり60メートルばかり離れた的を前にして立たされた。先生は私たちに、これまで稽古したことをただ繰りかえすようにと勧めた。私はさっそく的に中てるには弓をど

う持てばいいかと、尋ねたことは言うもない。「的はどうでも構わないから、これまでと同様に射なさい」と先生は答えられた。私は中てるとなればどうしても狙わないわけにはいかないと返した。すると先生は声をはげまして「いや、その狙うということがいけない。的のことも、中てることも、その他どんなことも考えてはいけない。弓を引いて矢が離れるまで待っていなさい。他のことはすべて成るがままに捨てておくのです」と答えられた。そういって先生は弓を採り、引き絞って射放しました。矢は的の真ん中に止まっていた。それから先生は私に向かって言われた。——「私のやり方を見ていましたか。仏陀が瞑想にふけっている絵にあるように、私が目を閉じていたのを、あなたは見ましたか。私は的が次第にぼやけて見える程眼を閉じる。すると的は私の方へ近付いて来るように思われる。そうしてそれは私と一体になる。これは心を深く凝らさなければ達せられないことである。的が私と一体になるならば、それは私が仏陀と一体になることを意味する。そして私が仏陀と一体になれば、矢は有と非有の不動の中心に、したがってまた的の中心に在ることになる。矢が中心に在る —— これを我々の目覚めた意識をもって解釈すれば、矢は中心から出て中心に入るのである。それゆえあなたは的を狙わずに自分自身を狙いなさい。するとあなたはあなた自身と仏陀と的とを同時に射中てます」—— 私は先生の言われたとおりにやってみようと試みた。しかし言われたことの幾分かしかできなかった。的をまったく視野から去る

こと、したがって狙いを定めるのをあきらめるということとは、私にはどうしてもできなかった。それにもかかわらず私の矢はあらぬ方へ飛んで行き、的には一向に中らなかった。……(中略)……いくら熱心に稽古をしても悲しいことには中たらなかった。先生は私があせるのを難じた。「中てようと気を揉んではいけない。それではなるべく多数の矢が少なくとも的の枠の中に来るようにする弓の持ち方を考え出すのはたやすいことである。あなたがもしそんな技巧家になるつもりなら、私というこの精神的な弓術の先生は、実際に必要がなくなるでしょう」── 先生はこういって私をいましめた。

しかし彼の心には焦りが高まってきました。帰国しなければならない日が近付いてきたのです。それなのに、精神的に射る ── 的を狙わずに矢を中てる ── ことがどうしてもできないので、ある日そのことを率直に先生に打ち明けました。

　先生は先ず私を宥めようとしました。然し自分には出来ないという意識が、私の心に深く食い込んでいたので私たちの話はなかなかうまく進まなかった。すると先生はついに、私の行き悩みは単に不信のせいだと明言した。──「的を狙わずに射中てることが出来るということを、あなたは承服しようとしない。それならばあなたを助けて先へ進ませるには、最後の手段があるだけである。それはあまりつかいたくない手ではあるが」── そして先生は、その夜あらためて訪問するようにと言われ

86

た。

　九時頃私は先生の家へ伺った。私は先生の所へ通された。先生は、私を招じて腰掛けさせたまま、顧みなかった。しばらくしてから先生は立ち上がり、ついてくるように目くばせした。わたくしたちは先生の家の横にある広い道場に入った。先生は編針のように細長い一本の蚊取り線香に火をともしてそれをあずちの中ほどにある的の前の砂に立てた。それから私たちは射る場所へ来た。先生は光をまともに受けて立っているので、まばゆい程明るく見える。しかし的は真っ暗なところにあり、蚊取り線香の僅かに光る一点は非常に小さいのでなかなかそのありかが分からないくらいである。先生は先刻から一語も発せずに自分の弓と二本の矢を執った。第一の矢が射られた。発止という音で、命中したと分かった。第二の矢も音を立てて打ち込まれた。先生は私を促して、射られた二本の矢をあらためさせた。第一の矢はみごと的の真ん中に立ち、第二の矢は第一の矢の筈に中ってそれを二つに割いていた。私はそれを元の場所へ持って来た。先生はそれを見て考え込んでいたがやがて次のように言われた。──「私はこの道場で三十年も稽古をしていて暗い時でも的がどの辺にあるかはわかっているはずだから、一本目の矢が的の真ん中に中たったのはさほど見事な出来栄えでもないと、あなたは考えられるであろう。それだけならばいかにももっともかも知れない。しかし二本目の矢はどう見られるか。これは〔私〕から出たのでもなければ〔私〕が中てたのでもない。そこで、

こんな暗さで一体狙うことが出来るものかよく考えてごらんなさい。これでもまだあなたは狙わずには中てられぬと言い張られるか。まあ私たちは、的の前では仏陀の前に頭を下げるときと同じになろうではありませんか。」

上の文中にある「これは〔私〕から出たのでもなければ〔私〕が中てたのでもない」という言葉を見たとき、筆者は前節で見た鈴木の発言の中に「無意識に意識する」という句があったのを思い出しました。先生の言葉はまさにそれに当たります。そして更に言えば、先生はその時「自動人形」になっていたということも言えるでしょう。

3・10・3　来日の成果
そしてヘリゲルは、修業を重ねて次のように言えるようになりました。

「私はもはや全く何も理解していないように思います。それは余りにも単純なことです。却って私を惑わせます。一体弓を引くのは私でしょうか、それとも私を一ぱいに引き絞るのが弓でしょうか。的に中てるのは私でしょうか、それとも的が私に当たるのでしょうか。あの『それ』は肉眼には精神的であり、心眼には肉体的なのでしょうか。──その両方でしょうか、それともどちらでもないのでしょうか。これらの凡て、すなわち弓と矢と的と私とが互に内面的に絡み合っているので、もはや私は之を分離することが出きません。のみならずこれを

分離しようとする要求すら消え去ってしまいました。というのは私が弓を手に取って射るや否や、一切があまりに明瞭で一義的であり、滑稽なほど単純になるのですから、……」と。

「いまやまさしく」師範はその時私を遮って言った。「弓の弦が貴方の肺腑をつらぬき通りました」と。

先程3・9・1項で見た『不動知神妙録』の中の言葉と之とを冷静に比較してみれば、沢庵の言葉に疑問を持った人達も考え直すのではないでしょうか。

そしてヘリゲルは修業の最終段階を迎えました。

　それ以後、私は疑うことも問うことも思い煩うこともきっぱりと諦めた。その果てがどうなるかなどとは頭をなやまさず、真面目に稽古をつづけた。夢遊病者のように、確実に的を射中てるほど無心になるところまで生きているうちに行けるかどうかということさえ、もう気にかけなかった。それはもはや《私》の手中にあるのではないことを知ったのである。一度か二度、狙わずに的を射中てたことがある。しかしそれは私の射方に対する先生の判断に何物をも加えなかった。先生はひたすら射手に注目して、的には目をくれなかった。的から外れた矢でも、先生が注意に値すると見たものは少なくなかった。それは少なくとも心の持ち方が認められたからである。そして私が自分でも中てることはまったく二の次であると考えるようになると、先生が完全な同意を示す矢

は次第にその数を増してきた。矢を射るとき自分の周り
にどんな事が起ころうと、少しも気にかからなくなっ
た。私が射るときに二つの目が、あるいはそれ以上の目
が私を見ているかどうかということは頭に入らなかっ
た。のみならず先生が褒めるか貶すかということさえ、
私に次第に刺激を与えなくなった。実に、射られるとい
うことがどんな意味か、私は今こそ知ったのである。こ
のようにして体得したことは、私の手が突然弓を引くこ
とができなくなったとしても、決して失われることはな
いであろう。

　彼が西欧の合理主義の世界から五年間離れて日本で生活し
た甲斐があったと言っても良いと思います。

3・10・4　西田哲学との接点

　禅を深く修めた高僧はいずれも重要な経典に関する深い学
識を持っていました。しかし彼らはそういう学識を持つこと
と、悟りを開くこととはまったく別の問題だと思っていまし
た。とは言っても学識の有る者の悟りと無い者の悟りが同じ
とは言えません。悟り以前にどんな心の準備ができているか
によってその質が影響されます。釈尊の悟りは最高のもので
すが、そこまで達する人はいません。修行者はいずれも多か
れ少なかれそれより程度の低い悟りを開くのですが、程度の
高さばかりでなく、修行者の立場による質の違いに注目すべ
き場合もしばしばあります。鈴木は『禅の諸問題』でその辺
りの事を次のように述べました。

　悟りは一次元高い知識だと云ってよいかもしれぬ。知識には何時も能所がある。能知所知の対立を見る。悟りは此の対立を容れない知識である。そこには能所を見ぬのである。それ故、無知とも見られるが、悟りにはやはり一種の知性があるので、絶対無知というわけにも行かぬ。それでやむをえず無分別知という、逆説的な文字を用いぬと話がつかぬ。そうでなければ従来の考え方を超越した哲学者によりて新たな思惟の範疇を立てて貰い、それで悟りの特質を批判しなければならぬ。実際を言うとすべての知識はもともと悟りであった。即ち経験であった。経験なしに知識はない。また悟りもない。但しこの経験というのがまたいろいろの意味で解せらるることと思う。がとにかく、経験無くしては新たな知識の獲得はない。即ち生命の進展を見ることが出来ぬ。芸術や宗教の場合は殊に然りである。生命の進展を経験するのが悟りで、またこれを其の妙所に体達するという。妙所とは進展の内相そのものを言うのである。この内相を機ともいう。

　修行者の心の準備という点ではヘリゲルは特殊な状態に居ましたが、並々ならぬ努力によってその特殊性を乗り越えました。このことについては既にご覧になった通りです。彼は禅寺で修行したのではないので、厳密な意味では「悟り」と言えないかもしれませんが、事実上はそれに近い経験をしました。『菊と刀』にはまるでそれを要約したような文が載っています。それは第11章にあります。

禅仏教の偉大な権威者鈴木大拙は無我のことを「自分が行っているという感覚の無い」エクスタシー、無努力という。「見る我」は取り除かれる。人は「自らを失う」言い換えると自分の行動の目撃者であることをやめる。鈴木は、「意識が目覚めるとともに意志は二つに分裂する。行為者と観察者である」という。行為者（自己）は観察者としての自己による拘束から自由になろうとする。そういうことであるから修行者は悟った時にもはや観察する自己が無いこと、すなわち「未知又は不可知量としての精神的実体は存在しない」ことを知る。ゴールとそれに達する行動の他には何もない。

　ヘリゲルは確かに無我の境地に入って矢を射ました。彼はそれがよくわかる文章でその経験を表現しました。それは非常に困難なことでした。まだ初歩の頃、技巧を弄してその困難を潜り抜けようと試みたことがありましたが、阿波先生は断固としてそれを許しませんでした。それで心を入れ替えて百パーセント師に従って精進し、四年余りを費やしてようやく「無我」を体験できたのです。そしてその体験は、鈴木の言う「……そこには能所を見ぬ」という状態そのものでした。

　読者の中にはこの話から西田幾多郎著『善の研究』を思い出された方もあるでしょう。西田はその本の第一編第一章で「自己の意識状態を直下に経験した時、いまだ主もなく客もない知識とその対象とがまったく合一している。これが経験の最醇なる者である」と言って純粋経験の定義としました。

その例として「例えば、色を見、音を聞く刹那、未だこれが外物の作用であるとか、我がこれを感じているとかいうような考のないのみならず、此色、此音は何であるかという判断すら加はらない前をいうのである」ということが言われていますが、ヘリゲルが修業の末期に経験したのは概ねその水準の感覚であったと言っても良いように思われます。

　しかしながらすでに社会生活を営み、言語という、意識の世界を分節化するツールを使うことに慣れてしまった人が特別な訓練を受けずにそういう純粋経験を受け止めることは事実上不可能です。禅の修行者が受ける訓練は、筆者が想像する所では、それを感受する訓練を含んでいるのではないかと思われます。

　よく知られているように、西田は厳しい禅の修行を経験した人です。その経験が『善の研究』に反映していることは明らかですが、その本では、彼は禅に触れていません。たぶんそういう言葉によって純粋経験の概念を限定する結果になるのを避けたのでしょう。しかしそれでも禅は西田哲学と離れられないもののように思われます。

4 鋳直し

4・1　鋳直し研究の必要性

　ベネディクトは、鋳直し（recast）という言葉を『文化の型』の中で一度だけ使いましたが、『菊と刀』では、それに当たる事柄を何度も扱っていながら遂に一度もその語を使いませんでした。それでは彼女はその現象を軽視していたのかというと、決してそうではありません。次に掲げるのは『文化の型』の第3章にある一つの段落です。

　　文化も同じように、いろいろな文化的行為の単なる寄せ集め以上のものである。たとえある部族の結婚習慣、儀礼的舞踊、成人儀礼等の形式全部を知ったとしても、それだけでそれらの文化的行為を要素として部族自身の目標のために用いた全体としての文化をまったく理解していないのだ。この目標は周辺地域に存在する文化的行為の可能性の中から有用なものを選択し、不要なものを捨てている。その必要に応じて他の文化的行為は目標に添う適切なものに鋳直されている。勿論この過程はそのコース全体を通じて意識されないことが必要である。だが人間行動のパターンの形成を研究する立場からすれば、この点を見落とすことは知的解釈の可能性を放棄することになる。

　この文が誰にも理解されなかったのは、「文化の型」が誰にも理解されなかったことと併行しています。どちらも文化というものに対する安易な考え方しかできない人が陥る陥穽です。その安易な考え方は、ベネディクトに対する敬意の欠如から来たもののように思われます。もし彼女が稀有の大天才であることが初めからわかっていたらこんな事にはならなかったでしょう。

　それはさておき、上の引用文の最後のセンテンスに注目しましょう。鋳直しは関係者が意識しないうちに起こる現象ですが、知的解釈の可能性を失わないためには見落とすことをしてはならないのです。難しい事ですが、文化というものの性質上避けられません。文化というものの研究に携わる人はそれを回避するような卑怯な真似は出来ないことを覚悟すべきです。そればかりではありません。上の文が書かれてから100年に近い歳月が過ぎ、人類が存亡の危機に追い詰められつつあるという、文化を研究する者として沈黙しては居られない状況が眼前に迫っています。私たちは総力を挙げて全人類の安全を確保する道を切り開かねばなりません。その意味からしても鋳直しという現象に無知であってはならないのです。若し無知であった場合にどんなトラブルが起こるかはいろいろな場合があるでしょうが日本人が16〜17世紀に経験した事例と20世紀に経験した事を一つずつ、後ほどご覧に入れます。これらのうち特に後者は将来にも影響することが考えられますので特に注意深くご覧ください。

4・2　近世日本におけるキリスト教の鋳直し

4・2・1　小説『沈黙』について

『沈黙』は遠藤周作（1923 − 1996）が1966年に発表した小説です。作中に登場するフェレイラは実在した人物（1580 − 1650）ですが、その言行が詳細に記録されているわけではありません。ここに書かれているのはもちろん遠藤の創作です。しかし16世紀から17世紀初期にかけての歴史的事実を尊重しているので、話の内容には少しも無理がありません。その歴史的事実の中で特に重要なのは、フランシスコ・ザビエルがキリスト教の神に対する日本人の恣意的な理解に気付いていたという点です。遠藤が述べる物語はその史実を軸として展開されます。

　1630年代のことです。イエズス会に所属する司教フェレイラが日本で捕らえられ、穴吊りという拷問を受けた末に棄教したという情報がローマ教会に届いたところから話が始まります。フェレイラの真面目な人柄と信仰心の強さを知る者には信じがたいその情報の真偽を確かめるために、二人のポルトガル人司祭ロドリゴとガルペが鎖国中の日本に潜入しました。彼らは西九州の一隅で隠れキリシタンに匿われて数十日を過ごしましたが、二人は別々に捕縛されました。

　日本のキリシタン取締りの総責任者井上筑後守は、ロドリゴを殺さず、棄教させれば残存する隠れキリシタンの信仰を挫くことが出来ると考えました。ロドリゴは、一度も肉体的苦痛を伴う拷問を受けませんでしたが、既に棄教した信徒が、彼が転ばないというだけの理由で、目の前で残忍な方法

で処刑されるというような経験を何度もさせられ、心をズタズタにされました。そればかりか彼はガルペが殉教するのを目撃するということさえさせられました。そのような苦難が現実に展開されているのに、神は一度も手をさしのべませんでした。ロドリゴの心には、なぜ神は沈黙しているのかという疑問が湧きました。

　この疑問が彼の精神を押しつぶしそうになった時に井上がフェレイラを彼に引き合わせました。フェレイラは沢野忠庵と名を変えて天文学や医学の著述をしていました。フェレイラは信仰の根底に関わる重大な指摘をしてロドリゴを心底から驚愕させました（その内容はのちほど詳しくご覧に入れます）。その対面の後でロドリゴは狭い独房に入れられ、夜中に不思議な声を聴かされました。それは、何度も転向を表明したにもかかわらずロドリゴが棄教しないというだけの理由で許されない日本人信徒が穴吊りにされてうめく声でした。これを知るに及んで彼は遂に踏み絵を踏みました。しかしそれは、決してキリスト教の神への信仰を捨てたからではなく、フェレイラと彼の他には誰も知らない新しい信仰の境地に達したからでした。

　以上があらすじです。この小説ではカトリックという宗教の性質が重要な意味を持っています。「カトリック」の語源がギリシャ語の「普遍的」を意味する言葉にあるという事からもわかるように、その教えの根底にはその宗教こそ世界のすべての人々を導く唯一の原理を与えるものであるという前提があります。小説『沈黙』は、ある意味ではその信仰の在り方、というよりはむしろカトリック教会の在り方に対する

批判と言えます。

　作者はそういう信仰が存在することを否定していませんが、その信仰を一つの教会が統制することに対しては重大な疑問を投げかけました。即ち信仰は個人のものであるけれども、一つの教会が結成されればそれが一つの社会になることは避けられません。社会であればそれは固有の文化を持ちます。そして全世界に普遍的な文化というものはいまだかつて存在したためしがありません。

　したがって普遍的宗教というものが存在するとしても、それが一つの教会の下に統率されるということがあるとすればそれは本質的な矛盾を抱えることになります。筆者は『沈黙』において作者がこの点を衝いたと理解しています。それは決してカトリック教徒の一人である所の作者の信仰心の弱さから来たことではなく、むしろ強い信仰心を持っていたが故に信仰と教会との間に矛盾が生じ得ることを見て取ったのだと考えられます。

4・2・2　フェレイラが見た日本におけるキリスト教の鋳直し

　ロドリゴが日本に上陸してから捕縛されるまでに経験した事や捕縛されてから井上筑後守と交わした問答などはそれぞれ興味深い問題を含んでいますが、ここではフェレイラが持ち出した問題だけに注目します。

　フェレイラは、日本で20年間にわたって行われた布教が敗北に終わったことをみとめました。それは日本の役人が居るところで言われたことですが、決して内心を偽った発言ではありませんでした。そして「知ったことはただこの国には

お前や私たちの宗教は所詮根を下ろさぬということだけだ」
と言いました。ロドリゴが、根を下ろさないのではなく、根
を切り取られたのだと抗弁すると、フェレイラは「この国は
沼地だ。やがてお前にもわかるだろうな。この国は考えてい
たより、もっと恐ろしい沼地だった。どんな苗も其の沼地
に植えられれば、根が腐り始める。葉が黄ばみ枯れていく。
我々はこの沼地に基督教という苗を植えてしまった」と付け
加えました。納得できないロドリゴは、フェレイラが日本に
渡ってきた頃にはこの国に信仰が花のように匂っていたと指
摘しました。それに対してフェレイラは「だが日本人がその
時信仰していたものは基督教の教える神でなかったとすれ
ば」と言いながら憐れむような微笑を浮かべました。ロドリ
ゴはこれを詭弁と思い、強く反発して「あなたは否定しては
ならぬものまで否定しようとなされている」と言いました。
　これに続く数十行は要約するよりもそのまま引用する方が
良いと思います。

　　「そうではない。この国の者たちがあの頃信じたものは
　我々の神ではない。彼らの神々だった。それを私たちは
　長い長い間知らず、日本人が基督教徒になったと思い込
　んでいた」フェレイラは疲れたように腰を下ろした。和
　服のすそがはだけ、棒のようにやせこけてよごれた足が
　見え、
　　「私はお前たちに弁解したり説得するためにこう言って
　いるのではない。おそらくだれにもこの言葉を信じても
　らえまい。お前だけではなく、ゴアやマカオにいる宣教

師たち、西欧の教会のすべての司祭たちは信じてくれまい。だが私は二十年の布教の後に日本人を知った。我々の植えた苗の根は知らず知らずの間に少しづつ腐っていたことを知らなかった」

「聖フランシスコ・ザビエルは」司祭はたまりかねたように手で相手の言葉をさえぎった。「日本におられる間、決してそんな考えは持たれなかった」

「あの聖者も」フェレイラは頷いた。「はじめは少しも気がつかなかった。だが聖ザビエル師が教えられたデウスという言葉も日本人たちはかってに大日（だいにち）とよぶ信仰に変えていたのだ。陽を拝む日本人たちにはデウスと大日とはほとんど似た発音だった。あの錯誤にザビエルが気付いた手紙をお前は読んでいなかったのか」

「もしザビエル師に良い通辞がつき添っていたならば、そんなつまらぬ些細な誤解はなかったでしょう」

「そうじゃない。お前には私の話が一向にわかっていないのだ」

フェレイラはこめかみのあたりに神経質ないらだちを見せていいかえした。

「お前には何もわからぬ。アモイやゴアの修道院からこの国の布教を見物している連中には何も理解できぬ。デウスと大日とを混同した日本人はその時から我々の神を彼ら流に屈折させ変化させ、そして別のものを作り上げ始めたのだ。言葉の混乱がなくなったあとも、この屈折と変化とはひそかに続けられ、お前がさっき口に出した

布教がもっとも華やかな時でさえも日本人たちは基督教の神ではなく、彼らが屈折させたものを信じていたのだ」

「我々の神を屈折させ変化させ、そして別のものを……」司祭はフェレイラの言葉を嚙みしめるように繰りかえした。「それもやはり我々のデウスではありませんか」

「ちがう、基督教の神は日本人の心情のなかで、いつしか神としての実態を失っていった」

「何をあなたは言う」

　司祭の大声に、土間で餌を温和しくついばんでいた鶏が羽ばたきしながら隅に逃げた。

「私の言う事は簡単だ、お前たちはな、布教の表面だけを見てその質を考えておらぬ。なるほど私の布教した二十年間、言われる通り、上方に九州に中国に仙台に、幾多教会がたち、セミナリオは有馬に安土に作られ、日本人たちは争って信徒となった。我々は四十万の信徒を持ったこともある」

「それをあなたは誇ってもよい筈です」

「誇る？　もし、日本人たちが、私の教えた神を信じていたらな。だが、この国で我々の立てた教会で日本人たちが祈っていたのは基督教の神ではない。私たちには理解できぬ彼ら流に屈折された神だった。もしあれを神というなら」フェレイラはうつむき、何かを思い出すように唇を動かした。「いや、あれは神じゃない。蜘蛛の巣にかかった蝶とそっくりだ、はじめはその蝶はたしかに

蝶にちがいなかった。だが翌日、それは外見だけは蝶の羽根と胴とを持ちながら、実体を失った死骸になっている。我々の神もこの日本の国では蜘蛛の巣に引っかかった蝶とそっくりに外形と形式だけは神らしく見せながら、既に実体のない死骸になってしまった」

「そんなはずはない。馬鹿気た話をもう聞きたくない。あなたほどこの日本には居なかったが、私はこの目で殉教者をはっきり見た」司祭は手で顔を覆うようにして指の間から声を漏らした。

［彼らがたしかに信仰に燃えながら死んでいったのを私はこの眼でみた］

　……（中略）……

「かれらが信じていたのは基督教の神ではない。日本人は今日まで」フェレイラは自信をもって断言するように一語一語に力を込めて、はっきり言った。「神の概念はもたなかったし、これからももてないだろう」

　その言葉は動かしがたい岩のような重みで司祭の胸にのしかかってきた。それは彼が子供の時、神は存在すると初めて教えられた時のような重力を持っていた。

「日本人は人間とは全く隔絶した神を考える能力を持っていない。日本人は人間を越えた存在を考える力を持っていない」

「基督教と教会とはすべての国と土地とを越えて真実です。でなければ我々の布教に何の意味があったろう」

「日本人は人間を美化したり拡張したものを神と呼ぶ。人間と同じ存在を持つ者を神とよぶ。だがそれは教会の

神ではない」

「あなたが二十年間、この国でつかんだものはそれだけですか」

「それだけだ」フェレイラは寂しそうにうなづいた。

　長い引用文でしたが、ここで終わります。

　フェレイラが指摘したのは、確かに、宗教における鋳直しの一例です。ベネディクトが言った条件、すなわち「この過程はそのコース全体を通じて意識されないことが必要である」は満たされました。

　これは2・3・1項に掲げた図1の型の社会から図2の型の社会への文化的事象の転移に伴う鋳直しの一例です。図2の型の社会には超越的な偉大な力を持つ者が存在すべき場所がありませんから、人間を美化または拡張したものを「神」と呼んでいるのです。

4・3　学歴社会

4・3・1　科学の鋳直し

　E・ベルツ（1849－1913）は1901年に、彼の東京帝国大学在職25周年を記念する祝賀会の席上で演説をしました。そこには文部大臣菊池大麓をはじめとして東京帝大総長や多数の教授、学生たちが列席していました。その演説の重要な部分をここに掲げます。

　　　すなわち、私の見るところでは、西洋の科学の根源と

本質に関して日本ではしばしば間違った見解が行われているように思われるのであります。人々はこの科学を、年にこれだけの仕事をする機械であり、どこか他の場所へたやすく運んでそこで仕事をさすことのできる機械であると考えて居ます。これは誤りです。西洋の科学の世界はけっして機械ではなく、一つの有機体でありまして、その成長には他のすべての有機体と同様に一定の気候、一定の大気が必要なのであります。

しかしながら、地球の大気が無限の時間の結果であるように、西洋の精神的大気もまた、自然の探究、世界の謎の究明を目指して幾多の傑出した人々が数千年にわたって努力した結果であります。それは苦難の道であり、汗——それも高潔な人々が、夥しい汗で示した道であり、血を流しあるいは身を焼かれて示した道であります。それは精神の大道であり、この道の先端にはピタゴラス、アリストテレス、ヒポクラテス、アルキメデスの名が見られますし、この道の一番新しい目標の石にはファラデー、ダーウィン、ヘルムホルツ、フィルヒョウ、パスツール、レントゲンの名が印されています。これこそヨーロッパ人が到るところで、世界の果てまでも身につけている精神なのであります。

諸君！　諸君もまたここ三十年の間にこの精神の所有者を多数、その仲間に持たれたのであります。西洋諸国は諸君に教師を送ったのでありますが、これらの教師は熱心にこの精神を日本に植え付け、これを日本国民自身のものたらしめようとしたのであります。しかし、彼ら

の使命はしばしば誤解されました。もともと彼らは科学の樹を植える人たるべきであり、またそうなろうと思っていたのに、かれらは科学の果実を切り売りする人として取り扱われたのでした。彼らは種をまき、その種から日本で科学の樹がひとりでに生えて大きくなれるようにしようとしたのであって、その樹たるや正しく育てられた場合、絶えず新しいしかもますます美しい実を結ぶものであったにもかかわらず日本では今の科学の［成果］のみを彼らから受け取ろうとしたのであります。この最新の成果をもたらした精神を学ぼうとしないのです。

　ベルツが批判したのは近代日本における科学の鋳直しです。これは前節で見た例より複雑です。

　近代の日本が西洋諸国から学ぶべきものは科学ばかりでなく、広い範囲にわたる知識と技術でした。新しい時代には向かない封建制度は廃止され、四民平等を建前とする社会の建設が始まりました。ところが旧士族の中にはその「四民平等」に不満を持つ人たちが居ました。その時彼らの前にたいへん都合の良いものが出現しました。それは新しい高等教育の制度です。彼らはその不満を除く方法の一つとして大学に入り、「学士」の称号を得ようとしました。それは学力を得ようとする努力ではなく、学歴を得ようとする努力でした。すなわち『菊と刀』の第3章で説明された「階層制度」の、少しでも高い位置を求めていたのです。彼らの考え方からすれば、ベルツの言う「苦難の道」を歩んだり、種をまいたりするのは低い階層の人々のすることであり、高い学歴を持つ

者は科学の［成果］のみを受け取って、それを使いこなして（あるいは使いこなしたふりをして）利益を挙げればよいということであったのです。

4・3・2　極端な一つの事例

　そういう思想の一つが『工学会誌』12輯、133巻（1893）4－15ページで暴露されました。それは渡辺洪基の「技術者責任について」という講演とそれに付随する討論です。そこで問題にされた人物（氏名不詳）は、どんな手段を使ったのかは分かりませんが、某官庁で実力不相応な地位に就いていました。渡辺の講演は、「工学士という肩書を持って技術に関する仕事をする人が十分な責任感を持っていない場合がある」ということを一般的抽象的に述べたものでしたが、聴衆の中にいた久米民之助が立ち上がって述べた意見は厳しいものでした。以下に述べるのは、その官庁から注文を受ける立場にある民間企業の一人の技術者久米の発言です。久米は、土木工事を請け負う民間企業の技術者で、注文主である官庁の技術者の設計に従って施工をする立場にありましたが、その設計がまったく当てにならない場合がしばしばあるというのです。次の引用文は、その記事の一部分です。

　　久米は、実名を言いたいところだが、言うと讒謗になるからやめておくと言いながら、その席に居合わせた杉山という人がそれを知って居ると、証人の名を挙げて具体的な話をした。それによると、或る工事に関して設計に不安を感じた久米が設計変更を要求したが、少しも意

見を聴いてくれなかったということである。それで久米は、それならあなたの御設計通りにいたしますが、製品に不都合があっても、すなわち壊れてもよろしいかと念を押したが、それに対して、それは請負者の責任であるという答えが返ってきた。その理由は「請負者が引き受けたのだから請負者は不注意を直さなければならぬ」ということであった。またある時には、これまた不安であったので、工事にかかる前に試験をしてみたところがたいへん剣呑であるという結果が出た。それもまた前のものと同じ担当者が設計したものであったが、その担当者は久米の意見を聴いてくれなかった。それは、請負方の技師から意見を聴いては体面にかかわるという態度であった。その設計者は久米の友人でもあったので、一個人の資格で、君の設計では到底やれないから辞職をしなさいとまで言った。しかし当人は耳を貸さなかった。そして別の業者がその工事の施工にあたったが、その設計者が指示した通りにしたところが、仕事はめちゃめちゃにこわれてしまった。それで、あれほど言ったことだから自発的に辞職するだろうと思ったが、あにはからんや、設計者本人は平気でいる。そういう人が実際に居る。こういうことでは陸海軍も、一般人も、工学士というものを馬鹿にするようになる。しかもこういうことは一度や二度ではない。ドックゲートが水圧でつぶれたり、橋が引き渡しの前日に流されてしまったりという不都合が頻発している。こんなことがあっていいものか。

いくら何でもこういうことがあっちでもこっちでも日常的に起こったとは考えられませんが、日本人の社会では真理よりも階層的秩序の方が重んじられるという説が唱えられるのを防ぐのは困難です。言い換えるとこれは、科学に対する日本人の態度がベルツの言うとおりだと認めざるを得ないということです。そしてこの場合にはもう一つ、官尊民卑という要素も加わっていることに注意が必要です。問題の「工学士」は官員です。そして時は明治の中期です。それは、例えば官業払下げという、「官」の横暴とも言える政策が実行された時代です。民間人がいくら正義を振りかざしても大勢を覆すのはまったく至難のことでした。

　工業生産におけるこういう態度が後に思いがけない大きい損害を生み出すのですが、その話はあとにして、ここではそれに先行した現象を先ず見ることにしましょう。

4・3・3　製図と日本人

　先程引用したベルツの演説では日本人の科学に対する態度が批判されましたが、それと同様のことはもっと、ずっと広い範囲に関して言えることです。近代工業の諸部門についても、その発達の跡をたどれば西欧人の思想とは大幅に違った考え方に出会うことは稀ではありません。そこには広大な未開の沃野とも言うべき研究対象の広がりがありますが、ここではその一角の製図という小さいながら侮り難い分野を覗いて見ましょう。

　次に掲げる引用文は、1900年に『機械雑誌』の投書欄に現れたもので、そのきっかけは同誌上で展開された日本人技

術者の実力に関する小論争にありました。

　　NT生とは誰だろう。ずいぶん無遠慮に悪口する人
だ。「無学の工業家」と思い切って言うところが尋常の
人にはなかなか出来ない。まず卒業して三年ぐらいも
経った人らしい。そこでNT生の議論はまずその通りと
して、君等には一体無学の工業家に与えるだけの完全な
設計ができるか、余程怪しいものだろう。吾輩は三年間
か五年間ぐらい「スパナ」を握ったことのない人の手に
なった設計には決して信用はおかれない。信用したら大
変だということをはばかりなく断言し得るのだ。吾輩は
現に府下の工場に従事しているが、時々お役所から来
る、比較的経験を積んだ人の設計すら実地に支障を生ず
ることが沢山ある。況や卒業して、直ちに、工場技師と
か、技師長とか、鉄面皮に済まし込むような薄志の人間
が、弱行の技師が設計をしたものに、信用という大切な
事が容易にゆるされるものか、論より証拠だ、何か設計
して、無学の工業家におしえてみたまえ。無学だけに悪
口はも少しは言えるよ。

　この投書と、前節での久米の批判と、ベルツの演説で批
判された日本人の科学に対する態度とを並べてみるとき、
ちょっと見ただけでは関係があるようには見えませんが、十
分深く考察すれば容易ならぬ関係が見えてきます。久米に批
判された「工学士」も、NT生も製図（図面）のことを、ど
んな問題点があろうとそんな事には関係なく、「どこか他の

場所へ運んで仕事をさすことのできる機械」だと思っていたのです。久米に問題点を指摘された「工学士」は、指摘を受けてさえそれを改めようとせず、そのために起こったトラブルは受注者の負担で始末させました。そんなことが通ったのは、日本文化の型があるからです。これについては『菊と刀』の第3章のはじめにおける「階層制度への信仰と信頼」の解説を読めば理解できるでしょう。

　そういう重要な事を置き去りにして日本人は、科学・技術に関する重要な事柄を欧米諸国から沢山取り入れました。しかしその間も「階層制度への信仰と信頼」は微動もせず、筆者が社会人になった20世紀の中頃にもこんな事がありました。それは筆者が初めて勤務した機械製造会社でのことですが、一人の中年の技術者が、自分が発行した図面の単純な誤記が原因で組み立て不可能な機械が出来てしまったのを見て、工員に向かって「そんなことぐらい常識でわかるだろう！」と怒鳴りつけました。間違った図面を発行した者が、その図面に忠実な製作をした者に向かって、常識に照らして間違いを正すべきだと叱責したのです。これに対して工員の側からは表立った反撃はありませんでした。図面の誤りが生産現場で発見された時には作業者の判断で改め、設計者に恥をかかせないようにするのが気のきいた処置と考えられていたのです。

　しかし日本にはそういうことを当たり前とは思わない人も居ました。工業教育家清家正（1891－1974）がそうでした。彼は1920年代中頃から1960年頃まで日本の機械製図の改善のために尽力しました。彼の著書、特に『製図論』は昭

和初期から1945（昭和20）年の戦災によって印刷が出来なくなるまで、その分野の本としては珍しく多数の版を重ねました。彼は高等工業学校卒業後、機械製造業の現場作業者としても、設計技術者としても、工場経営者としても経験を積み、神戸高等工業学校教授になってからドイツに留学し、かの国の工業教育制度を深く調査した上で帰国し、第二次大戦前から戦後にかけて東京都立工業専門学校と都立工業学校の校長を兼務し、学制改革後は東京都立大学の教授になりました。そしてその傍ら JIS（日本工業規格）の製図規格の制定や改訂に重要な役割を果たしました。政府はこういう活躍に対して叙勲をしましたが、本人はどうやら心からの満足を感じることなく他界したようです。どんな不満があったかは、『製図論考』（1942）を見ればわかります。その本の開巻劈頭に大きいゴシック体文字で書かれた「**工場経営者は一度でも図面について真剣に考えたことがあるか**」という言葉に表れています。彼は自分の著書を工場経営者にこそ読ませたかったのですが、読んだのは製図板に向かって定規やコンパスを使う人達ばかりで、肝心の工場経営者たちは清家の意図に反して見向きもしませんでした。その上その本の出版前に太平洋戦争が始まってしまい、どこの工場も時間的余裕がなくなりました。

　どの工場にしても清家の言うようなシステムとしての製図の改善を実行しようとすれば経営者も従業員も、意識から変えていく必要があります。これは容易な事ではありません。ベネディクトが言った階層制度への信仰と信頼は日本人の無意識に深く滲み込んでおり、それを除去することはほとんど

考えられません。機械製造業に関係がありそうな卑近な例を見ましょう。ある機械製造会社に勤務する技術者の一人が何かのきっかけで、ヤスリやタガネを使って若干の簡単な作業をしたとしましょう。それを見た同僚の一人が「お前は失業しても職工で食っていけるな」とイヤミを言うのは珍しいことではありません。そして他の同僚は、黙っていても内心でそれに同意します。なぜなら、日本人なら誰でも心の底に階層制度に対する信仰と信頼を持っているからです。そしてその作業をした技術者は、その後同僚たちの中で一段低いものと見なされ、何かにつけて不利な扱いをされます。これでは技術者の仕事と生産現場の作業とが縁遠いものになるのは当然です。そしてまた、そういう出来事が起こったかどうかにかかわらず、経営者と技術者との間にもこれと似た関係があります。世間には、技術者の仕事に理解を示す経営者は渉外とか財務と言った経営者ならではの仕事に疎いと勝手に決めてしまう人が沢山います。これも階層制度に対する信仰と信頼のひとつの現れです。社会がそういう事であれば、経営者が製図に関心を示すというようなことをしないのが当たり前ということになります。

これは実に日本的な現象です。階層制度の高い位置を獲得した者は、まるで殿様で、家来に「良きに計らえ」と言うだけで万事が進むのと似ています。こういう言い方をすると反発する人が出て来るでしょうが、アメリカとの戦争という歴史的な重大事に当たって事実上それに近いことがあって、そのために戦局を左右しかねないトラブルが発生した実例があるのを知れば呑気に見過ごすわけには行かないでしょう。

4·3·4 ゼロ戦のトラブル

　ゼロ戦（正式には零式艦上戦闘機）は、第二次大戦初期には世界各国に比類の無い優秀な戦闘機として名をはせました。その特徴は主として、抜群の運動性の良さと航続距離の長さにありました。大戦後期にはこれに対抗する外国の戦闘機も現れましたが、ゼロ戦にも数次にわたる改良が施され、終戦に至るまで生産されました。ここに採り挙げるのはその改良の一つに関連するトラブルで、1944年の秋のことでした。その改良はすでに出来上がった機体に施すのではなく、これから作られる新型機に適用されるものでした。この時には目標生産数が多く、本来の生産拠点である三菱重工大江工場だけではこなしきれないので別の会社である中島製作所にも図面を渡して製作させることになりました。ところがそこで思いがけない事が起こったのです。それを掲げた文を見ましょう。典拠は内藤初穂著『海軍技術戦記』（1976　図書出版社）です。

　　改造機は"52型丙"（A6M5C）と名付けられて、直ちに大江工場で量産体制にはいり、八月下旬には、機体部分がまとまりはじめた。中島製作所でも、三菱から渡された図面によって、量産を始めた。……(中略)……

　　しかも、生産の途中、基地部隊からは中島製が使い物にならないと文句を付けられるというおまけまで付いてしまった。性能の良しあしは別にしても、増槽が機体の下部にうまく取りつかないというのである。三菱製はうまく附くらしい。とすれば、中島製作所のジグが狂って

いるのに相違ない。担当部員の岸田は中島製作所小泉工場に急行して、製作中の実機を図面と照らし合わせてみた。ところが製作の手落ちはどこにもなかった。図面は三菱で引いて中島にわたしたものだが、三菱の原図と合わせてみても、間違いは無かった。原因をつかめないまま、航空技術庁に返ってきた岸田は念のために、部下の松本中尉をもう一度小泉工場に行かせてみた。違った目でチェックしてはみたが、やはり、中島の製作には落ち度は無かった。キツネにつままれたような気分になっている所へ中島の担当技師から、原因が分かったと報告してきた。聞けば小型ロケット爆弾の懸釣架をつけるために主翼を僅かに上げた結果、胴体下面が主翼よりごくわずかとび出しているという。図面でも確かにそうなっている。増槽をぴったりと付けるには胴体下面と主翼とが平らに通っていなければならない。したがって、図面通りに作れば増槽が付かないのは当然であった。

　ところが同じ図面で作っているはずの三菱製の方はちゃんとついている。そんなばかなことがあるはずがない。

　そこで改めて三菱製の実機を調べてみた。驚いたことには、図面とは違って、胴体下面と翼下面とが平らに通っていた。つまり、三菱の現場で適当に図面を修正して、ジグをつくっていたというわけなのである。三菱から渡された図面通り正直に作った中島製は、結局、全機とも役に立たなくなってしまった。

　このとき役に立たなくなったゼロ戦が何機であったのかは明記されていませんが、まさか5機や10機ではないでしょう。あの大戦争の真っ最中に、かなりの数のゼロ戦が、発動機も、武器も、操縦装置も満足に作られていながら実戦に使えないという、馬鹿馬鹿しさを通り越して激しい憤怒を覚える出来事です。これは、図面に誤りがあるのが発見された時にそれを生産現場の人の判断によって処理するのを許したのがいけなかったのです。図面に誤りがあるのが発見された時には、その図面を発行した部門（個人ではありません）に申し出て、そこから文書による訂正通知が来るまで作業を中止すべきです。そうすれば中島製作所の方へも訂正通知書の写しによって正確な情報を伝えることが出来ます。こういう事は、経営学だの生産管理だのというような難しい話ではありません。簡単なルールを作ってそれを真面目に実行するだけで良いのです。それをせずに自然発生的、恣意的な方法に委ねたために、近代工業と恥の文化との相克から来たトラブルが避けられなかったのです。

　参考までに、第二次大戦直後のアメリカ人が図面の誤りを避けるためにどんな事をしていたかを見ておきましょう。次に掲げるのは終戦まで三菱重工で爆撃機の設計に従事していた本庄季郎が戦後（1951－1954）勤務した米軍の極東空軍補給部支部（FEAMCOM）で経験した事を日本設計製図学会の機関誌『設計製図』に寄せたエッセイの一部分です。青写真を使うというような、現代とは著しく違った機材と方法が用いられていますが、当時日本のどこでこれ程入念な検図をしていたかという点をよく見てください。これは日本が何

故アメリカに負けたのかという事を考える際に役に立つ資料の一つです。

　我が国一般の製図と比べて、米空軍設計室の検図は大変きびしい。FEAMCOM で検図は次のような順序で行われた。

　まず、設計者（Engineer）が製図者（Draftsman）にかかせた原紙は、それから焼いた一通の青図とともに検図係（Checker）に渡される。検図係は青図に赤鉛筆で修正箇所を遠慮なく書く。詳細図の配置変更、製図規則に違反した箇所の修正、現場が理解しやすく誤解しないための表現、寸法加減の正誤、その他検図係の責任範囲に属するありとあらゆる修正を、青図が赤鉛筆で色が変わるほど書き込む。それら各項目について、検図係は設計者と打ち合わせ、実行するかどうかを検討し、設計者が不賛成の事項は取り除き、他の項目を修正することをきめる。

　この赤鉛筆で訂正要求を書き込んだ青図に従って設計者は製図者に原紙を修正させる。修正された原紙は、修正項目を赤鉛筆で記入してある青図と共にふたたび検図係に渡され、検図係は原紙が修正要求どおりに変更されているかを確かめ、実行されていれば、赤鉛筆の注意書きを青鉛筆で消していく。このようにして、すべての赤鉛筆の記入事項が青鉛筆で消されると、これで検図は終わるのである。

　検図の終わった原図で焼いた青図が工場に出図され、

　検査課、工作課を経て時には実用実験を行い、その間に発見された不備な点が修正された原紙ができると初めて部長級の人が原図に署名する。めくら判はあまりおさない。

　このように、図面は非常に厳重に吟味されたのち完成される。大量生産の本家である米国でも図面は質を重要視し、量産はしない。

　そのかわり一度作った図面は粗末に扱わず、そのままのものが完全に長年保管され、同じようなものを数多く設計しない。

　なお上記のような検図の過程は North American IKC でも同様であるよしである。

　筆者はこの文からベルツの演説を思い出しました。彼は西洋の科学を、果実を実らせる樹に喩え、それを日本に植えようとしたにもかかわらず、日本人は実を得ることばかりに気を取られ、その樹が健全に育つための注意を怠っていると指摘しました。上の文を読んでゼロ戦のトラブルを省みると、欧米諸国からいろいろな技術を学ぶにあたって日本人の心がけはベルツの指摘がそのまま当てはまるように思われる所があります。それは、もちろん、経済的な話ではなく、精神的な面での問題です。幕末から明治初期にかけていろいろな近代的技術の導入がありましたが、それに伴って到来した図面は形状と寸法を比較的正しく描いた絵にすぎませんでした。そこには寸法を明示する数字の記入さえ無く、全体の大きさや部品の詳細な寸法を知るには図面に物差しを当てて必要な

箇所の図上の寸法を測り、それから図面の縮尺率の逆数をかけねばなりませんでした。そして製図というのはそういう図面を書くことだという思想が一般化してしまいました。

　しかし欧米先進国における工業技術の発達は急速で、それに伴って製図法も発達しました。これは我が国の製図に混乱を招きました。投影法、断面図法、省略画法、寸法表示法、材質表示方法等々について新しい考え方が続々導入されました。然し前に触れたように、日本の階層社会は製図を特定の階層のものと限定したので、こういう新しい問題に対する対応が低い階層の視野の狭い人たちのなすが儘に秩序を欠いたものになりました。20世紀初期に発行された製図の教科書や解説書は、何れもその無秩序をどうすることもできない人たちによって執筆、編集されており、役に立ちませんでした。その中にあって清家の著書だけは見事に一つの模範的秩序をもたらしました。しかしながら日本の階層社会は、先に見たように、それを受け入れませんでした。ゼロ戦のトラブルの背後にはこういう日本独特の文化的習慣があったのです。

4・4　禅は鋳直されなかった

　以上では顕著な鋳直しが起こった事例が紹介されましたが、ある文化的概念が一つの社会から別の社会に移される際に必ず鋳直しが起こると考えてはなりません。それが起こらなかった事例を示すことは容易です。ここでは前章で解説された禅の思想が中国から我が国に伝わった時、その思想の枢

要な点が原形を保ったまま渡来したことを見ておきましょう。

　筆者がここで言う「枢要な点」とは、前章の3・7節「公案」に掲げられた「かかるなりゆきの下で……」に始まる引用文の内容です。それは、公案とは何か、禅の教えの中でどんな役割を持っているのか、そして悟りとはいかなることかを説いた文ですが、九世紀に大活躍をした唐の名僧臨済の教えを全く歪めずに伝えています。こういうことは仏教の諸宗派の中でも珍しいことです。『菊と刀』の中にも禅以外の仏教諸宗派の戒律の弛緩や教義の恣意的歪曲に関する記述がありますが、中村元著『東洋人の思惟方法3（第4編日本人の思惟方法）』を読めばすぐわかるように、仏教の諸宗派が中国から渡来したときには必ずと言ってもよいほど頻繁に「涅槃」や「輪廻」等の概念が鋳直されました。しかし禅の教え、特にその中心とも言うべき「悟り」は鋳直されなかったのです。

　日本人は中国から伝わった文化的事象をたくさん鋳直しました。中でも儒教は著しく鋳直されました。韓国人は素直に受け入れたのに、わが国ではそれに対して無視以下の扱いがされました。孔子が説いた最高の徳である「仁」が日本人の社会では零落を極めた事が『菊と刀』にははっきり書かれています。そのほか我々が中国から学んで鋳直したものは数えきれません。ところが禅だけは鋳直しませんでした。これは日本人の心の底にある何ものかと禅とがある意味で共鳴するからだと考えられます。その詳細についてはまだ誰も解明していませんが、私たちはこのことを決して軽く見てはならない

と思います。

　次に述べるのは実話ではありませんが、西洋式の教育が導入される前の日本で社会の指導者的立場に就くべき人物の養成に禅がどう関わっていたかを示唆しており、軽く見過ごせないものを含んでいます。武家に生まれた男子はそれにふさわしい武芸と学問とを修めるべきだとされました。そして身につけた武芸と学問をさらに向上させるために禅の修行に励む人も少なくなかったのです。夏目漱石作小説『夢十夜』の「第二夜」には禅の修行がうまく行かない一人の侍の苦悩が描かれています。彼は老師に「お前は侍だろう。侍なら悟れるはずだ。悟れないならお前は侍の屑だ」と罵倒されて腹を立てながら自室に戻り「隣室にある自鳴鐘（時計）が次の刻を知らせるまでに何が何でも悟ってやる、そしてそれを老師につきつけて、彼を殺してやる。それが出来なければ自分が腹を切る」と心に決め、短刀を座右に用意して座禅を始めます。ところがなかなか精神の統一が出来ず、ああでもない、こうでもないと雑念に煩わされているうちに時間が経ち、隣室で自鳴鐘が鳴り出す……という筋です。

　彼は、明治以後の学校教育では珍しくなくなった不正行為（他人の思想や作品を自分の物であるかのように偽る行為、すなわちカンニングやコピペ）が絶対に許されない厳格な関門を通らねばならなかったのです。それは禅が12世紀に日本に伝えられるよりずっと前から中国でそうでしたし、現在の日本の禅系宗派でもそうです。

　ここで大胆な思考の飛躍をしてみましょう。仮に、小説に出てきた侍が老師の前に出て「我思う、故に我あり」と言っ

たら、老師は何と言うでしょうか。多分こう言ったでしょう。

「馬鹿者！　おまえはこの世に自分以外の人間が一人も居ないと思っているのか！」

　そうです。これは西洋近代文明の重要な要素である個人主義を真っ向から否定する言葉です。禅を深く修めた人即ち悟った人は、人間の知が本来相対的であることをよく知っています。ところがデカルトはそこに注意を向けませんでした。

　日本人は禅を鋳直しませんでした。日本人の心の底にあるものと禅とがある意味で共鳴するからだと考えられます。その詳細についてまだ誰も解明していませんが、私たちはこのことを決して忘れてはならないと思います。

5 文化の型を深く探る

5・1 日本人と欧米人の「自由」に違いがある

　次の段落は『菊と刀』の第11章の終わりに近いところに
あるものですが、日本人が「自由」と言う場合にそれが何を
意味するか考えるときに注意すべき事柄を含んでいます。

　　　無我の底にある人生観は「死んだ気になって生きる」
　　ことの底にもある。その状態では、人は自分に対するど
　　のような注目をもしなくなり、従ってあらゆる不安と用
　　心深さもなくなる。彼は死者になり、行動の適切さにつ
　　いて思い煩うことを超越する。死者はもはや恩を返さな
　　い。彼らは自由である。「私はもう死んだものとして生
　　きよう」というのは争いからの完全な離脱を意味する。
　　「私のエネルギーと注意力は私の目的をまっすぐ自由に
　　満たす。わたくしのゴールの前にはもはや自己監視の邪
　　魔は存在しない。それが無くなったことに伴って、以前
　　悩まされていた、やる気を削ぐ緊張と挫折の感覚は無く
　　なった。今や私は何でもできる」

　文脈を無視してこれだけを読むと随分気楽な話のように見
えますが、『菊と刀』の第3章から第10章にかけて述べられ
た数々の強烈なサンクションのことを考えれば、たとえば

「行動の適切さについて思い煩うことを超越する」というようなことは、本当に死ぬほどの精神的奮闘をしなければならない場合も珍しくない事が解ります。そして注意すべきは、その精神的奮闘は無我を実現することによって結実するのであって第11章に入ってからの解説によるとその無我の境地は、通常は優秀な人物が長期にわたってはなはだ「合理的でない」修業をすることによって到達できるものです。そういうことは、試験に受かるかどうか自信の持てない少年が数日間問題集に取り組んだぐらいのことで実現される事ではありません。商店とか工場などの経営者が苦境に陥って、それを切り抜けるために死にもの狂いの努力をするときに血の小便をすることがありますが、そんな場合ならもしかすると無我の境地に達するかもしれません。上に引用したのはそういう話なのです。ただ、見落とすといけないのは、その段落の主題は人生観すなわち the philosophy だということです。ほとんどすべての日本人に共通する人生観がそこにあるのです。それは、アメリカでも、ヨーロッパでも、インドでも、中国でも例外的にはそういう人生観を持つ人があるかもしれませんが、それが社会全体の在り様を規定するなどという事は考えられません。このことから重要な言明が出来ます。ベネディクトは遂に、知識人だけのものでもなければ庶民だけのものでもなく、都会人だけのものでもなければ農山漁村の人だけのものでもなく、男だけのものでもなければ女だけのものでもないけれどもそれでいて日本人のものではあるが外国人のものではない独特のものの見方、人生の見方の核心を把握しました。

上のことは確かに重要であり、忘れてはなりませんが、それと深い関係にある、「自由」とは何かという点についてはもっと言っておくべきことがあります。それは日本人が言う「自由」と英米人が言う'freedom'とが一致しない場合が屡々あるという事です。これに関連する説明のためにここでは日本人の言う「自由」を《自由》と表記し、通常「自由」と訳される英語を表すためには〈自由〉という表記を用いることにします。

　深く考えず、表面的な現象をとらえて《自由》と〈自由〉との差異を無視しようとする人があります。例えば日本国憲法の前文を採り上げて、ベネディクトは近代しか見なかったが現代はそうじゃない、今ではアメリカと肩を並べる程自由が行き届いている、と言います。憲法前文にはこう書かれています。

　　　日本国民は、正当に選挙された国会における代表者を通じて行動し、われらとわれらの子孫のために、諸国民との協和による成果と、わが国全土にわたつて自由のもたらす恵沢を確保し、政府の行為によつて再び戦争の惨禍が起ることのないやうにすることを決意し、ここに主権が国民に存することを宣言し、この憲法を確定する。

「自由のもたらす恵沢を確保し」と明記されています。そしてこれに異議を唱えた日本人は居ません。〈自由〉と《自由》とを同じものと考える人は、ここに書かれているものの思想が旧憲法時代に不十分であった欧米の思想を潤沢に採り入れ

たと見て〈自由〉と《自由》の差が無くなったと思ったのです。然しながら日本人がその自由を命懸けで守る覚悟を持っているかと問われるならば、欧米人の場合と違って、多くの人が否定的な態度を取るでしょう。それは、日本人がしばしば言う次の言葉が暗示しています。

　　　人は自分を重んじる。世間というものがあるから。
　　　世間が無いなら自分を重んじることはない。

　どちらも『菊と刀』の中で指摘されたもので、日本人の生活において「世間」の重要性が個人の重要性よりも高いことを示しています。自由を命懸けで守る覚悟という点で日本人が欧米人より弱いであろうという推定の根拠はここにあります。憲法改正によってこんなことが言われなくなったでしょうか。明らかに「否」です。これは憲法や法律にどんな規定があるかという事とは関係の無いことです。たとえ憲法や法律で保証され、保護される行為でも、日本人の社会に否定されることは出来ません。ここに日本人の《自由》の限界があります。そして同様に、〈自由〉の方にも、内容は違いますが、やはり限界があります。ベネディクトは、表面的な現象に囚われずに、肝心なことに注目したのです。
　それではアメリカ人の〈自由〉とはどういうものでしょう。アメリカに限らず、ヨーロッパ系の文化において「自由」がどういう意味を持つかを考える時には、彼らが人間とは何か、それは人間以外のものとどこがどう違うのかということを文化史の根源に遡って調べると役に立つ情報が得られ

ます。それは「人」を意味する言葉の語源を調べてみると宜しい。英語では人のことを 'man' と呼びますが、これはゲルマン神話で人類の始祖とされている神の子 Mann の名に由来しています。そしてその名は古ゲルマン語で考えることを意味する '-men' と共通の語源から出たとする説があります。そうだとすれば、人間をそれ以外のものから分かつ指標は考えるという点にあるわけです。

　そして更に興味深いことには、上述の神話とほぼ同様の神話がインドにもあり、その中では人類の始祖の名は 'Manu' となっています。考えることを人間の最大の特徴とする思想はゲルマン人の祖先とインド・アーリア人の祖先とが分かれた頃（BC1500年より前と推定されています）すでにあったと考えられます。してみると「人間は考える葦である」とパスカルが言い、「我思う、故に我あり」とデカルトが言ったのは17世紀ですが、彼らがそういう発言をするについては遠い祖先から受け継がれてきた文化的無意識が露出したのだと言ってもおかしくはありません。そして更に注意すべきは、「考える」のをそんなに大切にすることと、彼らの〈自由〉の概念とが不可分だという事です。パスカルはこうも言っています。「私は手も、足も、頭も無い人間を想像することは十分にできる（なぜなら頭が足よりも必要だという事を知らせてくれるのは、経験だけだから）。だから私は考えない人間を想像することは出来ない。そんなものは石か獣であろう。」この言葉は重要なことを示唆します。即ち人間は、肉体的または社会的にどれほど厳しく拘束されても考えることだけは〈自由〉にできます。たとえ手足をもぎ取られよう

とも、悪意に満ちた村八分をされて食物にも飲み水にも事欠いても、他人の思惑と違うことを考えることは出来ます。この意志の〈自由〉こそは人間性の最後の拠り所だというのが彼らの人生観の大前提です。

　彼らにとって〈自由〉は「考える」ことと共に、究極の価値を構成する不可欠の要素です。彼らの社会では「自由か、さもなくば死か」というのは単に格好が良いだけのスローガンではありません。だからこそ多くの国で革命が起こりました。しかし日本ではそういう思想がもともと無いので、『菊と刀』の第3章で言われたように、欧米人のセンスからすれば当然革命が起こると思われる状況がはっきりと見て取れた幕末でさえ革命は起こらず、戊辰戦争という一種のクーデターによって体制の変革が実現しました。その戦争に続いて行われた明治維新が革命でないことは『菊と刀』の第4章で詳しく説明されています。要は、国民には考えさせず、権力者が良いと思う方向に物事を動かして国力を養おうとしたのです。その過程では官尊民卑という弊風が起こるのもやむを得ないことでした。しかし薩長藩閥政権の限界が見えてきた明治中期には帝国議会の開設、憲法発布といった妥協策によって急激な変動を避けながら日清戦争や日露戦争を勝ち抜く力を蓄えていったのです。

　日本人は「他人の思惑と違うことを考えることができる」ということに高い価値を認めず、むしろそれを悪いことのように思う場合さえあります。例えば実験の教科で数人の学生のグループに一つの実験をさせて各人から報告書を提出させると、実際に報告書を書くのは一人で、他の者はそれを丸写

しにして持ってきます。彼らは自分で考えるという事に全然価値を感じないばかりか誰かが自分の報告書を他の学生に見せずに提出するとそれを非難します。そういう人たちは《自由》のために命を投げ出そうとはしません。

5・2　アブラハムと松王丸

　前節には誤解されやすい事柄が含まれていますのでこの節で正します。問題は、前節の文によって《自由》よりも〈自由〉の方が強いという印象を持たれたかもしれないけれども、実際にはそうでないという点にあります。これを明らかにするために、旧約聖書にあるアブラハムの試練と、浄瑠璃の『菅原伝授手習鑑』にある松王丸の辛苦を例として引きます。

　神（エホバ）を信仰する人々の長老であったアブラハムに対して神はある日突然、過酷と思われる命令を下して彼の信仰の強さを試しました。「あなたの深く愛するひとり子イサクを連れてモリヤの地に旅をし、そこにおいて、私があなたに指定するひとつの山の上で、これをしょうばん（一種の焼肉料理）の捧げものとして捧げるように」というのです。彼はそれに従って息子イサクを伴って指定された所に赴き、しょうばんの準備を整えてからイサクの手足を縛り、短刀の鞘を払ってその胸に突き立てようとした瞬間、神の使者が現れてそれを制止しました。そして神は「あなたの手をその少年に下してはならない。これに何を行ってもならない。わたしは今、あなたが自分の子、あなたのひとり子をさえ私に与

えることを差し控えなかったので、あなたが神を恐れるもの
であることをよく知った」と告げ、しょうばんに供すべき羊
を与えました。

　自分の一人息子の命を捨てて何かを守る話としてこれを見
るならば『菅原伝授手習鑑』の松王丸が想起されます。身分
の低い三つ子の兄弟松王丸、梅王丸および桜丸は、父親の代
から菅原道真の恩を蒙っていました。彼らは各々それに報い
ようと志し、梅王丸と桜丸はそれぞれ機会を得て報恩を果た
しましたが、松王丸だけは機会に恵まれず、焦燥を感じてい
ました。そうこうするうちに道真は政敵藤原時平によって西
国に流され、運命のいたずらは松王丸を時平の舎人にしまし
た。時平一派は更に道真を追い詰めるために、都に残ってい
た彼の一人息子秀才を殺害しようと企てました。しかし彼ら
の中には秀才の顔を知っているものが居ないので、松王丸に
首実検をさせようという事になりました。大恩ある道真の子
の危機を知った松王丸は、自分の一人息子小太郎を身代わり
として秀才を助ける決心をしました。そしてめぐらした秘密
の計画は図に当たり、小太郎は死に、秀才は無事でした。わ
が子の首を見てそれを秀才だと偽証して帰宅した松王丸は、
妻に向かって「女房喜べ、倅はお役に立ったるぞ」と告げま
した。

　意思の自由という点から見るならば、アブラハムよりむし
ろ松王丸の方が上位にあるという見方が出来ます。アブラハ
ムは神に命じられてわが子の命を絶とうとしました。一方、
神も仏も、そして何人も、松王丸に小太郎を秀才の身代わり
にせよとは言いませんでしたし、そういう暗示をした者も居

ません。どこから見ても全責任は松王丸にあります。彼はそれを承知で小太郎を死なせたのです。その決断はアブラハムのものよりはるかに重かったでしょう。そこには神のおぼしめしさえ無かったのです。

　これに対する反論があるとすれば、それはおそらく次のようなものでしょう。アブラハムの行動は意志の自由を損なったものではない。なぜならその行動は神に対する信仰から出たものであるが、信仰は個人の内心の問題であり、神の命令に従ったと言ってもそれは彼自身の良心に従ったというのと同じである、と。ならば答えてもらいましょう。なぜその神はエホバでなければならないのでしょうか。だれか（たとえば彼の両親）がエホバを信じよと言ったからではありませんか。彼が生まれ育った時すでに周囲の人たちがエホバに対する信仰の体系を築き上げていたから彼の良心も信仰も外的サンクション無しには成立しなかったのです。彼の行動が内的サンクションを信頼するもののように見えるのは、その外的サンクションが成立してから後の現象にすぎません。それは彼が属する社会の合意の範囲内で出来上がったものであり、自ずからそこには限界があります。それを考慮するならば、松王丸よりアブラハムの方がより広い自由を持っていたとは言えません。

　もしかすると読者の中には上の考察に不満を感じた方があるかもしれませんので補っておきます。忘れてならないのは、人間の思考において重要なのは絶対的判断なのか、それとも相対的判断なのかという事です。アブラハムの行動は神の絶対的命令に従うものでしたが、松王丸は相対的判断に従

いました。一般に西洋文明において尊重されるのは合理的思考に基づく絶対的判断です。この思想の下に大躍進を遂げた自然科学は世界の歴史に強い影響を及ぼしました。然しその大躍進がもたらしたものは必ずしも良いことばかりではありません。20世紀以後に現れてきた難しい災厄の多くは自然科学の悪用または不適切な利用から来ています。これに対して相対的判断を重んじる東洋文明は、自然科学のような派手な成果を誇示してはいませんが、人間精神の深奥を、西洋哲学者の手の及ばない所まで探りつつあるのです。次の節ではこういう事に関係のある話をしようと思います。

5・3　合理主義の限界 ── 未来の文明の方向を探る

　次に掲げる段落は、『菊と刀』の第3章にあるものですが、17世紀の日本の武士の間に起こった一つの伝説的事件を述べています。そこに登場する殺人者は極端な「潔癖」の態度を示しています。一見偏執病（パラノイア）ではないかと疑われるその行動の背景を探ると非常に大きい問題につながっている事が解ります。

　　　こうした物語のおおくは偶然の失敗に対する敏感さを扱っている。一例をあげると、或る大名が家臣三名を呼んで一振りの立派な太刀の作者の名を言わせた。彼らの見立てはそれぞれ違っていたので専門家が呼ばれ、名古屋山三だけが正しく村正の作だと言い当てたことが分かった。間違えた者たちはこれを侮辱と受け止め、山三

を殺そうと企てた。その一人が山三の眠っている時に山三の刀で突き殺そうとした。ところが山三は逃れ、その後は襲撃者が復讐のために身を捧げることになった。遂に、襲撃者は山三の殺害に成功し、義理は果たされた。

　ベネディクトはこの話を近代日本における西欧的法体系の成立以前の出来事の一つとして掲げただけで、これについて特に立ち入った考察をしたわけではありません。その時代の義理のいま一つの類型として、武士が侮辱を受けた時にはたとえ相手が主君であっても公然たる反抗をしたということは書かれています。近代になってそれらが変化したということは認めていますが、西洋的な法体系によって侮辱した者に向けての法的手続を踏まない攻撃が阻止されたものの、代償行動（例えば自殺）が起こっており、日本人の内心における義理の存在は決して希薄になったのでも、縮小されたのでもないと指摘しています。

　ここで一つ考えるべきことがあります。彼女が『菊と刀』を書いた時の目的からすればそこまで書けば十分で、それより先まで論及すると読者を混乱させる恐れがあったかもしれません。しかし私たち21世紀の日本人としては、かの女の筆の及んだ範囲だけしか考えないということで済ませても良いものではないと思います。

　上に掲げた物語では、名古屋山三に二人を侮辱しようという意志があったわけではありません。それなのにその二人の中の一人が山三を殺したというのですから、まったく不合理と見る人があるのは、西欧的論理からすれば当然です。しか

しここで「合理」とか「不合理」とは一体どういう事だろうと考えてみることも必要です。手近な国語辞典を見ると「合理的」というのは「道理や理屈にかなっているさま」です。しかし「道理」とか「理屈」というものは必ずしも万国共通ではありません。だからこそ文化人類学という学問分野があるのです。それにもかかわらず文化人類学を少しも考えずに、英語で 'rational' と書いてあるのを無造作に「合理的」と訳し、その逆のこともするのは、知らず知らずのうちにその言葉の意味を限定して使っているのです。どのように限定しているかというと、西洋哲学におけるデカルト以来の合理主義すなわち近代的合理主義が扱ってきた範囲内に限定しているのです。然しその限定にはきちんとした根拠はなく、その範囲の外に「合理的」という事の出来るものが全く存在しないと考えても良いかどうかは誰も確認していません。すなわち現在の西洋文明における学問体系を支えている論理学（伝統的論理学だけではなく、現代論理学も含めて）とは著しく異なった論理学があり得ないとは誰も断言できないのです。

　西欧の近代的合理主義の成立の背景として17世紀の科学革命があり、その時数学と機械的自然観とが密接に結び付いて、数学的理性において普遍学が考え出されました。この時生まれた合理主義は、第一に価値の主観性の自覚からして、あらゆる価値定立の源としての自律的人格の自覚を持ち、かつそのことの反面として第二に、客観的自然からはあらゆる目的性を排除して、そこに没価値的な作用原因の体系をのみ見ようとする科学的心性を生んだのです。この知的過程に最

大の貢献をしたのはG・ライプニッツ（1646 - 1716）です。
19世紀後半には数学の分野で起こった変動を受けて論理学
にも影響が及びましたが、ここに掲げた基本的理念は動きま
せんでした。

　デカルトの思想が近代的合理主義の一つの頂点であること
は多くの人々の認めるところです。近世、近代、現代を通じ
てその思想に対していろいろの批判が行われましたが、それ
でも現在なお完全にそれを超越する思想は現れていません。
そしてその合理主義は、西洋文明ばかりでなく、世界の文明
に極めて大きい影響を及ぼしました。どうしてそれがそんな
に大きい力を発揮したかということを簡単に言い表すとすれ
ば、筆者の見るところでは、道理や理性を数学的理性の範囲
に限定したからです。これは本当はずいぶん複雑な事で、そ
こにはたとえば既存の数学の方法では始末に負えないものの
ために実験や観察の結果を説明する新しい方法（たとえば
「確率」とか「ファジイ」というような概念を導入すること）
を用いるというような手段によって人間の認識における文化
的差異が表面化するのを避けていたのです。

　数学的理性に従うならば、名古屋山三を殺した人の行動は
不合理と判断されますが、そういう判断をする人は山三が刀
の作者を言い当てたのは賞賛すべきことだという所までしか
考えていません。そこには無意識に対する考慮が欠けていま
す。ここで注意しなければならないのは三人の侍がいずれも
日本人であり、それ故相互の負い目の巨大なネットワーク
（『菊と刀』第5章参照）に組み込まれていたということで
す。山三は唯一人刀の作者を言い当てましたが、これによっ

てそのネットワークに局所的な歪みが生じました。つまり、山三と他の二人との間に不均衡が生じたのです。こういう場合に人数の多い方が対立する少数者を侵害者と見做して排除するのは必ずしも不合理とは言い切れません。それでこの場合には真実を追求することの価値よりも武士たちの間に不和が生まれることの不利益が重視されたと見ることが出来ます。ベネディクトはそこまでは書いていません。彼女は価値観が多様であり得ることを示すだけで良かったのです。

　罪の文化の社会では話が大幅にちがったものになります。三人のうち一人が他の二人と異なる行動の方針を持っている時にも、前者がそのために安全を脅かされることはありませんし、後者がそれだけの理由で前者を排除しようとは思いません。我には我の方針があり、彼には彼の方針があるという事が不都合だとは誰も思わないのです。それ故彼らは競争を避けようとはしませんし、たとえ競争に負けても勝者に加害しようなどとは思いません。彼らの心の深層には相互の負い目のネットワークは無く、各個人が独立した存在であることを当然とするからです。こういう文化において承認される考え方からすれば、山三を襲った者の行動は全く不合理という事になるでしょう。これは数学的理性を根拠とする判断と一致します。近代的合理主義は、もともと罪の文化の国において考え出されたものですからそれは当然です。

　恥の文化であろうと罪の文化であろうと、社会が長期にわたって生存することは個人の生存に優先します。それは個人の意思も集団の意思も手の届かない集合的無意識において方向づけられるのです。そこまで考慮するならば、「合理的」

という事一つを考えるにしても、恥の文化の場合と罪の文化の場合とでは結果が違ってきます。このことについては今まで誰一人として論じていません。我々がこれまで当然のこととして見過ごしてきた事柄の中にはこういう点から見直すべきものが多数あるように思われます。

　筆者が殊更にこういうことを問題にするのは、近代的合理主義に疑問を感じるからです。現代人の意識の中でいわゆる合理主義が圧倒的に支持されているにしても、それが今後も長期にわたって続くのが当然だと断定する根拠にはなりません。もちろん、18世紀や19世紀に比べると、20世紀には人々の生活の平均的水準は向上したし、そこにいわゆる合理主義が貢献したのは疑いないことですが、それと同時に殺人と破壊の規模が恐ろしく拡大したばかりか、公害問題のような将来にわたって大きな災いをもたらす、けしからぬ事も多く出てきました。それらのほとんどは罪の文化の集団から出たもので、他者に迷惑をかけることを慎む恥の文化はそんな問題に先鞭をつけるような事はしていないという点に注意すべきです。

　筆者は今までに知られた事実だけを根拠として偉そうな事を言うつもりではありませんが、日本が恥の文化の国であるという事実は決して恥ずかしいことではないと思います。むしろ「恥知らずの国」でないことを誇るべきです。そして現在世界に君臨している不完全な合理主義を改める行動の先頭に立つべきです。それをしなければ人類が滅亡する可能性が高まります。

【補足】

　上記の考察ではレヴィ＝ストロース（1908－2009）に一語も触れませんでしたが、その理由は彼の業績がベネディクトのものに比較できるものではないと考えられるからです。彼の主著『野生の思考』は1962年すなわち『菊と刀』より16年後に発表され「科学的思考」が西欧の高度の文明に適しているのに対して、文明が開かれるより前から行われている「野生の思考」は現在低開発社会に残存しているにすぎないという説を掲げ大いに注目を集めました。しかし彼はその本では日本に一言も触れませんでした。彼は少年の頃から日本文化に強い関心を示しており、その上『菊と刀』も読んでいたはずなのに、日本人が記号中心の思考をしながら西欧に匹敵する文明を持っていることを説明できなかったのです。1970年にR・バルトの『記号の帝国』が発表されるとレヴィ＝ストロースも日本人の思考が記号に偏したものであることを認めるようになりましたが、『野生の思考』は訂正されることなく終わりました。彼の思想は『菊と刀』の水準に達することができなかったのです。世人が『野生の思考』に感心してそこからいわゆる構造主義を編み出したとしても、筆者の眼から見ればそれは富士山の五合目あたりで満足している登山者に似ているように見えます。そういうものに言及しなかったことを悪く思わないでください。

6 文学作品と文化の型

6・1 森鷗外作『舞姫』

6・1・1 集合的期待（Collective expectation）

　最初にお断りしますが、筆者がこの章でするのは文芸批評ではありません。文化の型は美醜とはまったく関係の無いものです。

　小説『舞姫』の主人公太田豊太郎は明治維新の数年前に生まれましたが、早くに父を失って母の手で育てられました。彼は頭脳明晰で常にクラスのトップに立ち、19歳ですでに法学士の称号を得ました。そして某省に勤務し、三年経った時に官長から、洋行せよ、それから一つの課を担当せよと言われました。そしてベルリンに赴きました。

　　かくて三年ばかりは夢のごとくにたちしが、時来たれば包みても包み難きは人の好尚なるらむ、余は父の遺言を守り、母の教えに従い、人の神童なりと褒むるが嬉しさに怠らず学びし時より、官長の善き働き手を得たりと奨ますが喜ばしさにたゆみなく勤めし時まで、ただ所動的、器械的の人物になりて自ら悟らざりしが、今二十五歳になりて、既に久しくこの自由なる大学の風にあたりたればにや、心の中妥ならず、奥深く潜みたりしまことの我は、やうやう表にあらはれて、きのうまでの我な

らぬ我を攻むるに似たり。……(中略)……余は私に思ふ
やう、吾母は余を活きたる辞書となさんとし、我官長は
余を生きたる法律となさんとやしけん。辞書たらんは猶
ほ耐ふべけれど、法律ならんは忍ぶべからず。今までは
鎖々たる問題にも極めて丁寧にいらへしつる余が、この
頃より官長に寄する書には連りに法制の細目に拘ふべ
きにあらぬを論じて、一たび法の精神をだに得たらんに
は、粉々たる万事は破竹のごとくなるべしなどと広言し
つ。又大学にては法科の講義を余所にして、歴史文学に
心を寄せ、漸く諸を嚼む境に入りぬ。

　ここに述べられた問題ともう一つの問題とは、見かけは違
いますが、強い関連がありますのでこのまま引用を続けま
す。次の引用文の内容は前の文とかけ離れているように見え
ますが、問題の質は大して違いません。しかしこれらはもっ
と後に述べられる出来事の背景として重要なものです。

　　官長はもと心のままに用いるべき器械をこそ作らんと
　したりけめ。独立の思想を抱きて、人なみならぬ面もち
　したる男をいかでか喜ぶべき。危うきは余が当時の地位
　なりけり。されどそれのみにては、なほ我地位を覆すに
　足らざりけんを、日比ベルリンの留学生の中にて、或る
　勢力ある一群と余との間に、面白からぬ関係ありて、彼
　人々は余を猜疑し、また遂に余を讒誣するに至りぬ。去
　れどそれとても其故なくてやは。
　　彼の人々は余がともに麦酒の杯をも挙げず、玉突きの

棒をも取らぬことをかたくななる心と欲を制する力とに
帰して、且つは嘲り且つは妬みたりけん。されどこは余
を知らざればなり。嗚呼、此故よしは、わが身だに知ら
ざりしを、いかでか人に知らるるべき。わが心はかの合
歓といふ木の葉に似て、物触れれば縮みて避けんとす。
我心は処女に似たり。余が幼き頃より長者の教えを守り
て学の道をあゆみしも、仕の道をあゆみしも、皆な勇気
ありて能くしたるにあらず、忍耐勉強の力と見えしも、
皆な自ら欺き、人をさえ欺きつるにて、人のたどらせた
る道を、唯だ一条にたどりしのみ。余所に心の乱れざり
しは、外物を棄てて顧みぬ程の勇気ありしにあらず、唯
外物に恐れて自ら手足を縛せしのみ。故郷を立ちいずる
前にも、我が有為の人物たることを疑わず、又我が心の
能く耐えん事を深く信じたりき。嗚呼、彼も一時船の横
浜を離るるまでは、天晴れ豪傑と思いし身も、せきあへ
ぬ涙に手巾を濡らしつるを我ながら怪しと思ひしが、こ
れぞなかなかに我本性なりける。此心は生れながらにや
ありけん、又早く父を失いて母の手に育てられしにより
てや生じけん。

　筆者の想像ですが、ベネディクトは『菊と刀』執筆に際
してこれを読んだと思われます。ここには豊太郎という、頭脳
明晰であるが集団生活になじみの薄い人物が苦労する様子が
巧みに描かれています。ここまでの所ではその「集団」とし
てはベルリン在住の留学生だけが考えられていますが、も
う少し先まで読むと「集団」と見られるべきものはもっと、

ずっと大きく、官長も、東京在住の親友相沢もそれに含まれると考えずには済まず、結局日本人の大半がその「集団」を形成しているということになります。これについてベネディクトは次のように述べています。

　　日本人の人生で恥が何より重要視されるということは、恥を深刻に受け止める部族や国民ならいずれにおいても同じことだが、誰もが自分の行動に対して衆人が陪審員として下す評決に気を配るということである。衆人が下す評決がどうなるかを想像するだけでよく、他者の評決に自分を合わせるしかない。各人が同じルールでプレイし、互いに他者と支えあっている時には、日本人は気楽でわだかまりなく過ごすことができる。

　この文は恥の文化の重要な特色の一つを明らかにするものです。ベルリンに住んでいた留学生たちにしてみれば、みんながビールを飲み、キューを繰り……というように、同じ調子でおたがいに支持しあって暮らしていれば気楽でわだかまり無く過ごすことができるのです。このことは、たとえば『菊と刀』の第2章「戦争中の日本人」にある「ところが日本人は、あらかじめ計画され、進路の定まった生活様式の中でしか安心を得ることができず、予見されなかった事柄に最大の脅威を感じる」という文がよく言い表しています。それで「みんな」は規則（もちろんそれは不文律です）に従わないものを排除しようとかかってきます。先程小説から引用した文には、その様子が簡潔に、そして巧みに描かれていま

す。

　そこでもう一つ『菊と刀』の第12章「子供は学ぶ」に書かれている重要な段落を見ておきましょう。

　　　自分自身を尊重する（自重する）人は、自分の進路を「善」か「悪」かによってではなく、「期待された人」か、「期待されない人」かによって定め、自身の個人的な要求は「集合的“期待”」の中に沈める。こういう人たちは「恥を知る」善人であり、限りなく慎重な人である。その人たちはその家庭に、郷里に、そして祖国に名誉をもたらす人である。
　　　〈注：「集合的“期待”」は定冠詞付きで、“期待”（expectation）はイタリック体で書かれています〉

　最初のセンテンスは、進路の選択に当たってアメリカ人なら'good'と'evil'によって定めるが、日本人が考えるのは自分が'expected man'になるか'unexpected man'になるかということであって、自分の願望は「集合的“期待”の中に沈める」ということです。私たちは既に本書の第２章でその好例を見ました。松下幸之助の逸話はまさにそれを示しています。そこで特に注意したいのは、自分の願望を沈める先のことを「集合的“期待”（the collective expectation）」としていることです。どうしてcollectiveなのでしょう？　なぜgeneralとかwholeとかいうような表現ではだめなのでしょうか。筆者はこう思います。ベネディクトはcollectiveと言うことによって一つの集団（この場合は日本人）が持つ「期待」が

ユング心理学的意味での「彼らの」集合的無意識（collective unconsciousness）と関連するものであることを暗示したのです。この場合「日本人の集団」というものを限定する条件は「日本人」以外にはありません。従ってそれはベルリン在住のふしだらな留学生ばかりでなく、豊太郎の母親も、官長も、親友である相沢も含みます。彼は日本人である以上その人たちの集合的期待に背くことはできませんでした。

6・1・2　恩　義

　豊太郎が貧しい踊り子エリスと知り合った経緯はこうです。或る夕刻、エリスは古い寺院の前の人気の無い通りで声を殺して泣いていました。たまたまそこに通りかかった豊太郎が何故泣くのかと声をかけると、彼女は驚いた様子でしたが、やがて事情を打ち明けて力になってほしいと言いました。事情というのは、その日彼女の父親が死亡したこと、家には全く蓄えがないので弔いができないこと、それで母が彼女に身を売って金を作るように要求した事でした。それを聞いて同情した豊太郎は、ひとまず自宅に帰って心を落ち着けなさいとすすめ、彼女を送り届けました。母親は、始めは警戒したけれども娘から話を聞いてから彼を家に入れました。彼は現金を持ち合わせていなかったので、自分の住所と姓名を明らかにして時計を渡し、これを質に入れなさいと言いました。こうして二人の間に清い交際が始まりました。

　ベルリン在住の日本人の中に事を好む者があって、豊太郎が女優と情を通じていると官長に告げ口しました。豊太郎の学問が留学の目的から逸脱するのを不届きと感じていた官長

は彼を免職にしてしまいました。これは彼にとって痛手でしたが、東京に居た相沢という親友が奔走してくれたおかげで日本の新聞社に通信員として採用され、ベルリンを離れずに生活することが可能になりました。しかし収入が減ったので今までの通りとはいかず、結局エリスの家に転げ込みました。そして内縁関係になりました。

　そこに運命のいたずらがやってきました。相沢が、大臣である天方伯爵に随行してベルリンに渡来し、その大臣のために通訳の労を執ってくれと言いました。それだけで済めば大した問題ではなかったのですが、それを実行するうちに伯爵が豊太郎のことを気に入ったのです。このことが彼の立場を難しいものにしました。伯爵に仕えれば自分にとっては出世であり、相沢の顔を立てることになりますが、エリスを捨てなければなりません。思い余った豊太郎は、自分の立場を率直に相沢に打ち明けました。

　　余が胸奥を開いて物語し不幸なる閲歴を聴きて、かれは屢々驚きしが、なかなかに余を譴めんとはせず、却りて他の凡庸なる諸先輩を罵りき。されど物語の畢りしとき、かれは色を正して諫るやう、此の一段のことは素と生れながらなる弱き心より出たれば、今更に言はんも甲斐なし。とはいへ、学識あり、才能あるものが、いつまでか一少女の情にかからひて、目的無き生活をなすべき、今は天方伯も唯だドイツ語を利用せんのみなり。おのれも亦伯が当時の免官の理由を知れるが故に、強て其成心を動かさんとはせず、伯が心中にて曲庇者なりな

んと思はれんは、朋友に利なく、己に損あればなり。人を薦るには先ず其の能をしめすに如かず。これを示して伯の信用を求めよ。又かの少女との関係は、縦令彼に誠ありとも、縦令情交は深くなりしとも、人材を知りてのこひにあらず、慣習といふ一種の惰性より生じたる交なり。意を決して断てと、これその言のおほむねなり。

　ここに表明された価値観は全面的に恥の文化のものです。これを全体主義と見る人もあるでしょうが、少々違います。全体主義はあくまで人間の意識的行動を前提としますが、恥の文化では意識以前に根拠があり、議論や説得によって動かされはしません。したがって先行した文に続いてこう述べられているのは少しもおかしくありません。

　　わが弱き心には思い定めによしなかりしが、しばらく
　　友の言に従ひて、この情縁を断たんと約しき。余は守る
　　ところを失わじと思ひて、おのれに敵するものには抵抗
　　すれども、友に対して否とは対へぬが常なり。

　相沢の態度は、一見したところでは豊太郎を陥れようとした連中とは大きく違っているようですが、しかし落ち着くところは前に見た官長の態度を肯定するもので、その連中の企てたことと同じでした。豊太郎の学識と才能を生かすこととエリスを愛し続けることとが矛盾するのは「人材を知りてのこひにあらず」という一句で尽くされています。豊太郎としては、恩義ある人からこう言われると逆らうことは出来ませ

ん。

　これはベネディクトに理解されました。彼女は『菊と刀』の第5章にこう書きました。

　　　人は責務を果たすためにどんな事でもしなければならず、また時間は負い目を減らさない。それは年月と共に、減るどころか、増大する。利子が積もっていくのである。誰にとっても恩というのは真剣なものである。日本人がよく言うように「誰も恩の一万分の一も返せない」のである。それは厳しい重荷であり「恩の力」はどんな場合でも単なる個人的な好みを踏み潰す権利を持っていると考えられている。

　最後のセンテンスにある「個人的な好み」というのはpersonal preference のことですが、他に適当な日本語の表現が見当たりません。しかしこう言ってしまうとベネディクトの意図が正しく伝わりません。日本語の「好み」という言葉には軽い感じしかありませんが、'preference'は、時としては自分または自分が愛している誰かの生存を指す場合もあります。当面の問題としては、豊太郎がエリスとの愛にこだわればそれは人々には個人的な好みへの執着と見做され、忘恩の沙汰として同胞に容れられないことになります。彼にはエリスとの幸せな生活を破壊されるのを防ぐ手段はありませんでした。彼が相沢の言葉に従ったことを知った妊娠中のエリスは悲しみのあまり精神に異常を来しました。豊太郎は帰国に際し、相沢の協力を得てエリスの母に若干の生活資金を渡

しましたが、それ以上のことは何もできませんでした。

6・1・3　文化の型への通路

　小説『舞姫』はここで終わっていますが『菊と刀』に従ってもう少し考察しましょう。第9章「人情の圏」の終わりに近いところに日本人は徳とは悪と戦う事だという思想をはっきり否定すると確認した上でこういうことが書かれています。

　　アメリカ人にはこういう教説が気ままで放縦な哲学を導くように見える。しかし日本人は、すでにみたように、人生の究極的な作業とは義務を果すことだと決めている。彼らは恩返しが個人の欲望や喜びを犠牲にすることを意味するという事実を全面的に受け入れる。幸福の追求が人生の真剣なゴールであるという考え方は、彼らにとってはびっくりするような、そして不道徳な教条である。幸福はそれに浸れる時には浸っても良いくつろぎであるが、国家や家庭がどうだというような判断とかなんとかで勿体をつけるようなことは全く考えられない。人が忠と孝と義理との義務を負って生きていくのはしばしば強い苦痛とされるが、そういう事は彼らが予見していることを超えるわけではない。それは人生を難しいものにするが、彼らはそれに備えをしている。彼らはなにも悪いこととは思っていない喜びを繰り返し犠牲にする。それには意志の強さが入用である。そのような強さは、日本では最も称揚される徳である。

ここに思考と行動の型から文化の型への通路の一つがあります。この場合、その通路は恥の文化に通じ、更に自己責任の態度を指しています。ベネディクトはそういうことを明言していませんが、その点を暗示することを一度もしないはずはありません。これこそその一つに違いありません。

6・2　芥川龍之介作『羅生門』

6・2・1　発　端

　平安末期の京都は相次ぐ戦乱と自然災害や疫病の流行のために荒廃し、社会不安に覆われていました。都の南端を扼する羅生門も、それを管理する役所の機能が麻痺して誰も責任ある行動をしなくなったので荒れ放題になり、一時は盗賊の住みかになりましたが、誰かが死体を持ち込んでから盗賊もそこに寝起きするのをやめ、死体はだんだん増えていき、生き物と言えばカラスだけが居るようになりました。

　或る雨の降る秋の日暮れ時、四、五日前に奉公先から暇を出された下人が一人、羅生門に雨宿りに来たところから話が始まります。彼は明日の生活を何とかしなければならなかったのですがどうする当てもなく、途方に暮れていました。

　　　どうにもならない事をどうにかする為には手段を選んでいる暇（いとま）はない。選んでいれば、築地（ついじ）の下か、道端の土の上で、飢死（うえじに）をするばかりである。選ばないとすれば —— 下人の考えは、何度も同じ道を低回（ていかい）した挙句に、やっとこの局所へ逢着（ほうちゃく）した。しかしこの「すれば」は

148

何時までたっても、結局「すれば」であった。下人は、手段を選ばないという事を肯定しながらも、この「すれば」のかたをつける為に、当然、その後に来る可き「盗人になるより外に仕方がない」と云う事を、積極的に肯定するだけの、勇気が出ずに居たのである。

これが今から調べようとする下人の心の遍歴の出発点です。失業中なので他者のために何かをしなければならないという義務はありません。しかし何もせずにいれば飢え死にするでしょう。それが嫌なら盗賊にでもなるより仕方がありません。それには一種の勇気が必要ですが、彼にはそれが欠けていました。『羅生門』は彼がそれを得るに至った過程を描いた小説です。

6・2・2　悪に対する反感

羅生門の階上で休もうと思って下人が梯子を上っていくと、意外なことに、灯火が見えました。そっと覗いてみると腐乱死体がいくつも転がっている傍らで老婆が一人、女の死体から髪の毛を抜いていました。それを見た下人の当初の心情は「六分の恐怖と四分の好奇心とに動かされて、暫時は呼吸をするのさえ忘れていた」と表現されています。それに続く下人の心の動きは次の通りです。

その髪の毛が、一本ずつ抜けるのに従って、下人の心からは、恐怖心が少しずつ消えていった。そうして、それと同時にこの老婆に対する激しい憎悪が、少しずつ動

いてきた。――いや、この老婆に対すると云っては、語弊があるかもしれない。寧ろ、あらゆる悪に対する反感が、一分ごとに強さを増してきたのである。この時だれかがこの下人に、さっき門の下でこの男が考えていた、飢え死にするか盗人になるかという問題を、改めて持ち出したら、恐らく下人は、何の未練もなく、飢え死にを選んだことであろう。それほどこの男の悪を憎む心は老婆の松の床にさした木片のように、勢いよく燃え上がり出していたのである。

　下人には、もちろん、なぜ老婆が死人の髪の毛を抜くかわからなかった。従って合理的にはそれは善悪の何れに片付けてよいか知らなかった。しかし下人にとっては、この雨の夜に、この羅生門の上で、死人の髪の毛を抜くということがそれだけで既に許すべからざる悪であった。勿論、下人は、さっきまで自分が、盗人になる気で居たことなぞは、とうに忘れているのである。

　それに続く彼の行動を見ましょう。彼はいきなり老婆の前に飛び出し、逃げようとするのを捕らまえ、太刀を突き付けて何をしていたのかと詰問しました。彼が検非違使の庁の役人でないことがわかると、老婆はようやく落ち着きを取り戻して、死人の髪を抜いて鬘にしようと思ったと言いました。それを聞いた下人の心状はこうです。

　　下人は老婆の答えが存外平凡なのに失望した。そうして失望すると同時に、又前の憎悪が、冷な侮蔑と一

しょに、心の中に入ってきた。

　この時点では、下人の心の中では老婆の行動に対する憎悪が確かに勢力を持っていましたが、話はそういう事では終わらず、最後の劇的な変針があるのですが、それが起こるについては次に掲げる老婆の弁明が大きい役割を果たしました。

6・2・3　老婆の弁明と下人の変針

　老婆はこう言いました。

　　成程な、死人（しびと）の髪の毛を抜くという事は、何ぼう悪いことかもしれぬ。じゃが、ここにいる死人どもは、皆それくらいのことをされてもいい人間ばかりだぞよ。現在、わしが今髪を抜いたおんななどは、蛇を四寸ばかりずつ切って干したのを干し魚だと云うて、太刀帯（たてわき）の陣へ売りに往んだわ。疫病（えやみ）にかかって死ななんだら今でも売りに往んでいたことであろ。それもよ、この女の売る干し魚は味が良いというて、太刀帯どもが、欠かさず采料に買っていたそうな、わしは、この女がしたことが悪いとは思うていぬ。せねば飢え死にをするじゃて、仕方がなくすることじゃわいの。じゃて、その仕方がない事をよく知って居たこの女は大方わしのことを大目にみてくれるであろ。

　これを聴いた下人はもはや優柔不断の愚物でも、懸命の理想主義者でもありませんでした。では何かというと現実主義

者とでも言うしかないでしょう。作者はこう言いました。

　これを聴いている中《うち》に、下人の心には、ある勇気が生まれてきた。それはさっき門の下で、この男には欠けていた勇気である。そうして、さっきこの門の上へ上がって、この老婆を捕えた時の勇気とは、全然、反対の方向に動こうとする勇気である。下人は、餓死をするか盗人になるかに迷わなかったばかりではない。その時の、この男の気持ちから云えば、餓死などと云う事は、殆ど、考えることさえ出来ない程意識の外においだされていた。

そして最終的に下人がとった行動は次の通りでした。

　「きっとそうか」
　老婆の話が完《おわ》ると下人は嘲けるような声で念を押した。そうして、一足前へ出ると、不意に右の手を面皰《にきび》から離して、老婆の襟上《えりがみ》をつかみながら、噛みつくようにこういった。
　「では俺が引き剝ぎしようと恨むまいな。俺もそうしなければ、餓死する体なのだ」

　こう言うや否や下人は素早く老婆の着物をはぎとりました。それから、足にしがみつこうとする老婆を手荒く死骸の上に蹴倒しました。そこから梯子の口まではせいぜい五歩あるかないかです。下人は剝ぎ取った檜皮色の着物を抱えて、

瞬く間に急な梯子を夜の底へ駆け下りました。

6・2・4 価値の相対性

本書の第1章の最初の引用文はベネディクトの言葉で、人類学の研究対象が「社会の生産物としての人類」であることを宣言するものでした。しかし人類学の研究者の中の誰一人として『羅生門』が社会の生産物としての人間の一例を示していることに気が付きませんでした。下人は一人でマゴマゴしている間は一定の思想を持つことができませんでしたが、老婆と出会って、たった二人ながら一つの社会が成立するとたちまち一つの思想に確信を持ちました。

これは明らかに局地的な現象です。世界は広く、人類は無数の社会を形成しています。したがってそこには無数の思想があります。そしてその中には日本人の想像の及ばないものもあります。その一例として1972年に南米で起こった一つの飛行機事故にまつわる実話を見ましょう。ウルグアイのあるラグビーチームをのせた旅客機がチリへむかっていたとき、悪天候のために進路を誤り、アンデスの万年雪に突入して乗務員乗客合わせて45人中10人が即死しました。それから救援隊が到着するまでに72日もかかりましたが、それでも16人が生還しました。一面雪ばかりの所で、飛行機の中にあった食べ物だけでそんな日数を生きられるはずはありません。彼らは死者の肉を食べていたのです。

死者の肉を食べて生き延びるのは確かに異常なことですが、筆者が注目するのはむしろそれを食べることを拒んで餓死した人が何人も居たということです。その人たちの心と、

『羅生門』の下人の心との間に相通じるものがあることに注意しましょう。下人は羅生門の階上の様子をこっそりのぞき見した時、「この時だれかがこの下人に、さっき門の下でこの男が考えていた、飢え死にするか盗人になるかという問題を、改めて持ち出したら、恐らく下人は、何の未練もなく、飢え死にを選んだことであろう」と言われる心境であったのを思い出してください。これは下人と老婆の「社会」が実現したことによって打ち消されましたが、もしその「社会」がそういう老婆でなく、性質の違う人物の登場によって成立した場合には、自分の意思で餓死を選んだ南米人と同じ末路を歩んだかもしれないのです。

　実際に起こった事は、平安時代の日本と20世紀の南米との宗教的環境の違いが支配的に影響して下人は盗賊として生き延び、南米のラグビー選手は潔白を保ちながら死にました。このどちらを高く評価するかは人それぞれでしょうが、どちらも絶対でないということを忘れてはならないと思います。

6・3　宇野千代作『おはん』

6・3・1　主要登場人物

　小説『おはん』は宇野千代（1897－1996）の代表作です。主要登場人物は男一人と女二人で、物語は始終その男の独白として展開されます。彼はもっぱら「私」という代名詞で指されていますが、冒頭の自己紹介では「私はもと、河原町の加納屋と申す紺屋の倅でござります」と言っています。以下

では「私」と、鍵括弧つきでその人物を表記します。物語の
主役「おはん」は「私」の本妻ですが、「私」の浮気が彼女
の親兄弟に知られたために別居させられました。そして間も
なく彼女は「私」の息子を生みました。物語はその子「悟」
が小学校一年生の頃にあった出来事を述べる形で進行しま
す。加納屋はおはんが去った後まもなく倒産し、「私」は他
人の家の軒先を借りて古物商を営んでいましたが、収入は小
遣い銭程度しかなく、生活は浮気の相手のおかよが零細な芸
者屋を営んでいる稼ぎに依存していました。その時代は多分
明治の末期か大正の初期でしょう。

『おはん』の詳細な検討の前に『菊と刀』の第11章にある
一つの段落を見ましょう。

　　彼ら（日本人）は、善良な人は他者のために何かをす
るときに自分をだめにしているなどと思うはずがないと
主張する。或る日本人が私にこう言った。「私たちがあ
なた方の言う自己犠牲という事をするときには、与えた
いと思うから、あるいは与えるのが良いからしているの
です。私たちは不本意なことをするのではありません。
私たちが実際にどれほど多くのものを他者のために手放
したとしてもそれが私たちを精神的に高めるとも、それ
に対して〔報い（reward）〕をされるべきだとも思いま
せん」日本人のように精巧な相互的債務を生活の周囲に
構築した人々が自己犠牲を取るに足らぬことと見るのは
当然である。彼らは極端な責務を果たすために限界まで
自分自身を追い詰めるが、互恵主義的交換の伝統的なサ

ンクションがあるので彼らは自己憐憫の感覚を持たない
し、また個人主義的かつ競争的な国でよくあるような独
善性に陥ることもない。

『おはん』で最も注目されるのは、主人公の生き方がこの引
用文に示された日本人の特徴的な行動の型を申し分なく具備
している点です。彼女が日本女性の理想像の一つと考えられ
るのはこのためです。作者はそれを表現するにあたって一方
に自堕落そのものと言うべき「私」を配し、また他方には
「私」とは別の意味で上述の特色から外れたおかよの生き方
を置きました。その三者のコントラストが読者の心に強い刺
激を与え、おはんの心の美しさを引き立てます。こういうこ
とは、話の進行に従って感じてください。

6・3・2 自尊心さえ保てない「私」

　ある夏の夜、ふとしたきっかけで「私」は人気のない裏通
りでおはんと七年ぶりに言葉を交わしました。そしておはん
が「私」を慕い続けて、悟を育てながら貞節を尽くしてきた
ことを知りました。それを聞いて「……もう恋しうてならん
女と無理無体に仲せかれてでもおりますやうな、何やらをか
しげな心持になったのでございます」という所から話が展開
していきます。その時には「私」はおはんと撚りを戻そうな
どとは考えていませんでした。おはんの親や親類に顔向けで
きないことは重々承知していましたが、彼女にだけは悪く思
われたくないと考えたにすぎません。それで、自分が古物商
の店を出している所へ訪ねて来るように言っただけで別れま

した。ところが実際におはんがそこに訪ねていくと、二人が当初考えていたのとは違ったことが起こりました。それについては後でもう一度触れますが、原作には無い俗っぽい言い方をお許し願って言えば、焼け棒杭に火が付いたのです。

　その出来事があってから「私」は、もう一度おはんと所帯を持って親子三人水入らずで暮らす決心をしました。ところが七年間に及んだ関係を清算しようとおかよに向かって言い出せず、そのままの生活を更に一年ほどずるずると続けていったのです。

　その間にあったことですが、「私」のそんな心を露知らぬおかよは無尽講が満期になるのを機会に、自宅の増築を企てました。あまりにも手狭な住まいで、芸妓二人と共に生活しながら「七年間も一緒にいて、ただの一晩かて、気を許して寝たことない」という状態を解消し、たとえ四畳半一間でも誰にも侵される心配のない空間を作って「私」との夫婦生活を楽しみたいと考えたのです。そう分かっていながら、言うべきことを口に出せないわが身のふがいなさを自覚して居る様がこう書かれています。

　　ほんにいうたら私ほど、犬畜生の姿して生きているものがござりませぬか。私は何もかも知っての上で、そんで、知らん振りしてたのでござります。おかよのことでござりますけに、明日が日にも大工呼うで、仕事はじめるに違ひないのでござります。一しょに住まうといふ気はさらさらない、二人のための二階座敷が、明日が日にもその家の上に建ち始まるといひますのに、朝に晩に、

その大工の鉋<ruby>鉋<rt>かんな</rt></ruby>の音聞きながら、わたくしは知らん振りして、このままここにいてようといふのでござります。

　どうぞお笑ひなされてくださりませ。へい。女に銭<ruby>銭<rt>ぜに</rt></ruby>もらうて、その日の口濡らしている男の、それが性根やと、お笑いなされてもふそくにはおもいませぬ。

6・3・3　おかよの利己主義

「私」を自分のものにしたおかよの生き方は実にドライでした。彼女が家の拡張を考え出すよりずっと前のことですが、夕食のときにこんなことがありました。

　「かうして差し向かいで飯食うてて、お前、なんともないかいな。ひとの女房のけて一しょになったのやけに、ときには済まんと思ふこともあるやろ」とある晩のこと私は、おかよにきいたことがござりまする。

　半分は酒の機嫌もござりましたが、まアいうたら、我が心ひとつ包んでおくのが切なうて、思はず口に出たのでござります。するとおかよは「何でもない。暇とって住んだ人が損したのや」としん底何でもないことのやうにいふのでござります。

　彼女の言う損得は、自分の意のままに動かせる男を支配することに焦点が合わされていました。それで後に悟の死に伴って「私」の心がおはんの方に向いていることがわかると経済的損失を無視してまで「私」の行動を束縛しました。そしておはんが一通の手紙を残して遠くに行ってしまった後に

も、「おとこのいらんおひとは、どこの国なと行ったらええ。あては男がいるのや」とはばかりなく言って「私」に寄り添いました。

6・3・4　おはんの日本人らしい行動

　おはんは自分を前面に出すことを決してせず、常に自分の周囲に気を配りました。彼女が初めて「私」の店を訪ねてきたとき、その店を出させてもらっている家の主人は留守で、奥の部屋を使うことができました。その対座の当初には、「私」はもう一度おはんの体に指を触れようなどとは夢にも思わなかったのに、茶筒を取ろうとした「私」の手と、茶碗を取ろうとしたおはんの手が偶然触れ合った瞬間に異常な気持ちになりました。それから起こった事は巧みな筆致で書かれていますが、要は「わが身も女の身の上も、もうめちゃくちゃに谷底へつきおとしてしまひたいというような、阿保なこころになったのでございます」ということです。そしてその激しい行為の直後のおはんの態度はこうでした。

　　おはんは長い間そこの屏風の陰で震えておりました。「こないなことして、また、あんたはんの家庭をめぐ（こはすの意）かとおもふと、それが恐ろしうて」と、とぎれとぎれにいひながらはらはらと泣いているのでございます。

　こういう場合にさえ彼女は自分を中心に置く考え方をしませんでした。何より先に考えたのは、自分の行為によって影

響を受けるであろうと思われる人のことでした。その人が七年前の自分のような悲しい思いを噛みしめるかもしれないということが真っ先に懸念されたのです。これは紛れもない恥の文化的思考です。

6・3・5　おはんの手紙

　おはんと「私」とは、新たな関係に入ってから数日ごとに、人目を避けながら逢瀬を楽しんでいましたが、正式の夫婦であり子も大きくなるのに何時までもそんな事ばかりしているわけには行かないと思って新規に出直すことを決心しました。そして町はずれに小さい家を借りて三人が水入らずの生活をする準備を始めました。しかし、おはんと悟は既に新居で生活を始めたのに、彼はおかよと手を切る話し合いを始めることができずにぐずぐずしていました。その間彼は従来通りおかよの家で寝起きしていたのですが、ある嵐の翌日に新居に行ってみると悟が遭難していました。町から我が家に通じる道から川に転落して溺死したのです。遺体はおはんの実家に安置されていました。半狂乱でそこに駆け付けた「私」を待ち構えていたのはおはんの兄弟や親類の男たちの暴力でした。ほうほうの体で逃げ出した「私」はおかよの家に逃げ込みました。そこでおかよがどんな態度を取ったかはすでに述べました。

　悟の四十九日の法要が済んで若干の日が過ぎたとき、「私」に宛てた書面をこっそりと持って来た人がありました。開いてみるとそれはおはんからの手紙でした。

　とり急ぎ、しるしあげます。千里万里も行くやうな、こなな文書き残したりいたしましては、さだめし仰山さうな女やとおわらいなされるでござりませう。

　もう、ずうっとせんどから、私ひとり決心しておりましたならば、何ごともござりませんだやろにとおもひますと、あなたさまにも、またあのおひとにも、申し訳のないは私でござります。

　ほんにこれまでのながい間、待ち暮らしてをりましたは、なんでやろとわが心にも合点がまいりませぬなれど、あなたさまに難儀かけ、またあのおひとを押しのけようと思うたりしたことの夢々ござりませぬは、御大師さまもご照覧にござります。

　もし私がこのままでいてまして、そんで世間のお人の間にうわさが立つのでござりましたらどこぞ嫁入りいたしましてもええのでござりますけれど、それでも間のええことに、もうそんなこと考へいでもええ齢になってるのやないか、と思うたりしましてなア。

　ほんにもう私は、このままひとりでいてましても、それが当たり前や思うてるのでござりまするけれど、おやさしいあなたさまゆえ、ひょっと、可哀そうやとお思いなされてではないやろか、ながい一生の間、あなた様を待ち暮らしてた、可哀さうな女やと思ひなされてはないやろか、と思ひますれど、もしそうでござりましたら、それはあなたさまのお間違いでござります。

　思へばこの私ほど、仕合せのよいものはないやろと思うてるのでござります。あなた様と一つ家の暮らしはい

たしはしませんでも、言うたら夫婦になって、一しょに
いてますよりもなほのこと、あなたさまにいとしいと思
はれてたのやないかとおもいましてなア。

　ほんに私ほど仕合せのよいものはないやろと思うてま
すのゆえ、どうぞ何ごとも案じてくださりますな。

　亡うなりましたあの子供も、死んで両親の切ない心を
拭うてしもてくれたのや思うてますのでござります。子
供にとりましたら、なによりもそれが親孝行や思うてい
るのやないかと、さう思うてやってるのでござります。

　ほんに、さう思うてやりますのが、なによりの供養に
なるように思はれましてなア。

　何ごともみな、さきの世の約束ことでござりますけ
に、どうぞ案じてくださりますな。七七忌の法事もすみ
ましたことゆえ、いまはもう、この故里の家を離れまし
てもええやうに思ひましてなア。どこそこと行くさきの
あては申し上げはせねど、私ひとり朝夕の口すぎして行
きますくらい、何とかなるように思いますけに、どうぞ
案じて下さりますな。

　まだこの際になりましても、申訳ないはあのお人のこ
とでござります。私の行きましたあとはどうぞ私の分まで
合せて、いとしがっておあげなされて下されませ。申し
あげたきことは海山にござりますけれど、心せくままに筆
をおきます。薄着して、風邪などお引きくだされますな。

　　旦那さままいる

　　　　　　　　　　　　　　　　　おはんより

162

　ここには自分本位の考え方は全くありません。罪の文化と
恥の文化のどちらに属するかを問えば明らかに恥の文化で
す。同じ質問をおかよに関して発したばあいには、自分本位
の思考と行動が目立つので、罪の文化に属すると見る人が多
くなるでしょう。しかしどちらに好感を持つかと問えば圧倒
的におはんが支持されるに違いありません。「恥の文化」と
いう言葉は良い感じがしませんが、そういうことにこだわら
ない精神が必要です。

6・4　夏目漱石作『こころ』

6・4・1　『こころ』の特色

　日本人の心の深層を探った心理学専門家でない文筆家は幾
人か居ますが、筆者の見る限りでは夏目漱石の小説『ここ
ろ』を凌ぐものは見当たりません。それが朝日新聞に掲載さ
れたのは1914年ですが、『文化の型』より20年、『菊と刀』
より32年も前であったことを思えば漱石の頭脳は最高の敬
意を表すべきものであったと言えます。

　漱石は２年間のイギリス留学によって日本人と西洋人との
間に在る思想的差異について独特の見解を持つに至りました
が、この小説はそれが特に鋭く反映されています。しかしこ
こではあまり長い記事にするわけには参りませんので、その
小説を構成する三つのパートのうち第一部「先生と私」およ
び第二部「両親と私」は省略し、第三部「先生と遺書」だけ
を採り上げます。

6・4・2 「先生」とK

　この小説全体としては「私」という人物が主人公ですが、第三部では遺書を書いた「先生」が中心的役割を担っており、「私」には事実上役割がありません。そして遺書の中ではしばしば「私」という語が使われていますが、もちろんこれは「先生」のことです。したがって本稿では「私」という代名詞は原則として「先生」を意味するものといたします。その人物を「先生」というのは全編の主人公である「私」が尊敬しているというだけの理由からであって、彼は教師でも学者でもありません。無職のインテリです。

　「先生」は北陸地方の大富豪の一人息子ですが、中学校（当時は5年制でした）を卒業する直前に両親を伝染病のために失いました。彼は東京に出て高等学校に入りましたが、莫大な財産の管理は叔父に委任しました。ところがその巨額の財産の大部分が横領されたのです。それに気づいた「先生」は、困難な談判の末に或る程度のものは取り返しましたが、不動産などは本来の価格より低い値段で売却するしかなく、かなりの損害を余儀なくされました。それでも東京で平均的な生活をするには利子の半分でも有り余る程のものが手に残りました。それで彼は騒々しい下宿屋を出て閑静な住宅地の素人下宿に移りました。その時彼は二度と郷里の土を踏まない決心をしました。

　「先生」の中学時代の級友の中に親交を結んだ男が一人居ました。その名は仮にKとしておきます。彼は真宗の僧侶の次男ですが、卒業する前にある医者の養子になりました。ところが彼は高等学校に進学する時に養父には知らせずに医学と

関係の無いコースを選びました。「先生」が「そんな事をすると養父母を欺くことになる」と注意するとKは平然として「道のためならそのくらいのことをしても構わない」と言ってのけました。その「道」というのが明瞭ではありませんでしたが、「先生」にはそれがなんとなく尊いものであるように感じられたのでKの方針に賛成しました。

　後にベネディクトが『菊と刀』に掲げた視点に立てば、このKの行動は明らかに恥の文化に反するものであり、「先生」がしたことも消極的ながら反恥の文化です。もっとはっきり言えば、二人とも意識の在り方は西洋人に似て罪の文化的でした。しかしそれが彼らの全人格即ち無意識を含んだ人格においても言えるかどうかは、まだ検証されていません。この小説を最後まで読めばこの問題がどんなに深刻であるかが感じられるでしょう。

6・4・3　「先生」の恋

「先生」は、日清戦争で戦死した軍人の遺族である未亡人と、その娘と、下女とが住んでいる邸宅の一室を借りました。先生はその未亡人のことを「奥さん」と呼び、娘のことを「お嬢さん」と呼んでいるのでここでもそうします。彼がそのお嬢さんに対して特別な感情を持ったことは次の文によって表現されています。

　　私はそれまで未亡人の風采や態度から推して、このお嬢さんのすべてを想像していたのです。しかしその想像はお嬢さんにとって余り有利なものではありませんでし

た。軍人の細君だからああなのだろう、その細君の娘だからこうだろうといった順序で、私の推測はだんだんと延びていきました。ところがその推測が、お嬢さんの顔を見た瞬間に、悉く打ち消されました。そうして私の頭の中へ今まで想像も及ばなかった女性の匂いが新しく入ってきました。私はそれから床の正面に活けてある花が嫌でなくなりました。同じ床に立て懸けてある琴も邪魔にならなくなりました。

しかしその「先生」は、ずっと後になってからこんな事を言いました。

「私は世の中で女というものをたった一人しか知らない。妻以外の女はほとんど女として私に訴えないのです。妻の方でも、私を天下にただ一人しか居ない男と思ってくれています。そういう意味からいって、私たちは最も幸福に生まれた人間の一対であるべきはずです。」

ここには一種の理想主義があります。それはベネディクトが『菊と刀』の第9章で展開してみせた日本人の現実主義的行動とは対立するものです。そういう対立が存在したことは理解できますし、その理想主義は個人主義と関連していたと考えられますが、問題はその個人主義的理想主義が果たして人間を幸福にするものであるかどうかという点にあります。人間の心の最も深いところにあるものが噴出する時には、それは脆くも崩れ去るかもしれません。これについてはこの小

166

説の大詰めで語られますが、「先生」の言葉（後のもの）は
それを経験した上で発せられたものであり、日常生活だけで
は理解できません。

6・4・4　Kの身辺に起こった事

　Kは高等学校を卒えて大学に入ればもはや医学の道に進ま
ない事を隠すわけには行かないので、手紙で養父に真実を打
ち明けました。これは養父の激怒をもたらしたばかりでな
く、それを知った実父からもきつい叱責を浴びせられまし
た。中に入ってくれる人があって、Kは一度帰省することを
勧められましたが、彼は応じませんでした。それやこれやで
話がもつれて、結局復縁ということになりましたが、実家の
方でも許されず、勘当されました。当然、彼は金銭的危機に
直面し、一時夜学の教師をして糊口を凌ぎましたが、それは
勉学の支障になりました。彼はいらだち、肉体も、精神も衰
弱の兆候を見せ始めました。このとき「先生」は彼を救うた
めに自分の下宿に引き入れることを考え付きました。

　ここでちょっとわき道にそれますがご容赦ください。筆者
の見るところでは、「先生」とKとが共に事実上すべての近
親者から切り離された境地に置かれたという設定には作者の
意図があるように思われます。すなわち日本における西洋伝
来の思想を論じようとする場合には、家族制度から来る束縛
を取り除いても大きい問題が存在することを知らねばならな
いという事を示したのです。

　話は戻ります。強情なKを動かすのはなかなか困難でし
た。その経過は次のように書かれています。

私は彼に向かって、余計な仕事をするのは止せと言いました。……（中略）……Kはただ学問が自分の目的ではないと主張するのです。意志の力を養って強い人になるのが自分の考えだというのです。それにはなるべく窮屈な境遇にいなくてはならないと結論するのです。普通の人から見れば、まるで酔狂です。その上窮屈な境遇にいる彼の意思は、ちっとも強くなっていないのです。彼はむしろ神経衰弱に陥っているくらいなのです。私は仕方がないから、彼に向かって、至極同感であるような様子を見せました。自分もそういう点に向かって、人生を進むつもりだったとついに明言しました。……（中略）……最後に私はKと一緒に住んで、一緒に向上の道を辿っていきたいと発議しました。私は彼の剛情を曲げるために、彼の前に跪く事をあえてしたのです。そうしてやっとの事で彼を私の家に連れてきました。

　Kの発言は後年ベネディクトが『菊と刀』で指摘した日本の恥の文化に添っています。彼が窮屈な境遇に居なくてはならないと考えたのは「意志の力を養って強い人になる」という現世的な功徳のためであって、聖者になり、霊性に到達し、神と合一するためでも、永久に繰り返される輪廻からの解脱のためでもありませんでした。彼がしたことは、インドのヨーガ派の行者がしたという、我とわが身を責め苛むことに近い形式だったかもしれませんが、理念としてはそこから離れてすっかり日本的になったものでした。

6・4・5　「日本人」への注目

　それはそれとして、そこにはまた別の心配が生じてきました。当初Kがお嬢さんの心を奪ってしまう事があり得るとまでは考えていなかったのですが、日が経つうちにお嬢さんの心がKに傾くのではないかという懸念が芽生えました。そしてその懸念を裏付けているかのように見える小さい出来事がいくつか発生しました。「先生」の心の中には嫉妬が芽生えました。しかしK自身はそんな事にはかかわりが無いかのような態度を取り、超然としていました。その頃の「先生」の心境は次のように述べられています。

　　私はそれまで躊躇していた自分の心を、一思いに相手の胸へ敲きつけようかと考え出しました。私の相手というのはお嬢さんではありません。奥さんのことです。奥さんにお嬢さんを呉れろと明白な談判を開こうかと考えたのです。しかしそう決心しながら、一日一日と私は断行の日を延ばしていったのです。そういうと私はいかにも優柔な男のように見えますが、また見えても構いませんが、実際私の進みかねたのは、意思の力に不足があったからではありません。Kの来ないうちは、ひとの手に乗るのがいやだという意地が私を抑えつけて、一歩も動けないようにしていました。Kの来た後は、もしかするとお嬢さんがKの方に意があるのではないだろうかという懸念が絶えず私を制するようになったのです。はたしてお嬢さんが私よりもKに心を傾けているならば、この恋は口に出す価値のないものと決心していたのです。恥

をかかせられるのが辛いなどというのとは少し訳が違います。こっちでいくら思っても向こうが全然別の人に愛の眼を注いでいるならば、私はそんな女といっしょになるのは嫌なのです。世の中では否応なしに自分の好いた女を嫁にもらって嬉しがっている人もありますが、それは私たちよりよっぽど世間ずれのした男か、さもなければ愛の心理がよく呑み込めない鈍物のすることと、当時の私は考えて居たのです。一度貰ってしまえばどうかこうか落ち着くものだぐらいの哲理では、承知することができないくらい私は熟していました。つまり私は極めて高尚な愛の理論家だったのです。同時に最も迂遠な愛の実践家であったのです。

　肝心のお嬢さんに、直接この私というものを打ち開ける機会も、長くいっしょにいるうちには時々出てきたのですが、私はわざとそれを避けました。しかし決してそればかりが私を束縛したとはいえません。日本人、ことに日本の若い女は、そんな場合に、相手に気兼ねなく自分の思った通りを遠慮せずに口にするだけの勇気に乏しいものと私は見込んでいたのです。

　平凡なことのように見えますが、実は物凄い皮肉です。自分の身の上に重大なかかわりのある事を突然打ち明けられた時に「相手に気兼ねなく自分の思った通りを遠慮せずに口にするだけの勇気に乏しい」のは、（先を読めば解ることですが）ほかならぬ「先生」自身でした。作者がこの文中にわざわざ「日本人」と言っていること、そしてそれが女に限らな

いと暗示しているのに注意しましょう。作者は「先生」に
よって日本人を代表させたのです。家族制度を離れても日本
人はある種の拘束を免れることができません。

　わたくしたちはすでに日本人独特の不思議な拘束の例を見
ました。日露戦争の旅順攻防戦でロシア軍の降伏文書が我が
軍の司令部で読み上げられた時、誰一人歓喜を表明しません
でした。彼らの意識は勝利の喜びよりも同胞の莫大な犠牲に
強く反応しました。これは意識を超越した現象であり、一種
の拘束です。これが日本人特有の現象であるのは、無意識の
構造が西洋人と日本人の間で違いがあるからだと考えられま
す。これについての詳細な研究はまだ進んでいないようです
が、それが進めば本書の第2章に掲げた仮説についても有益
な知見が得られるでしょう。

　たぶん、漱石は旅順陥落をめぐるその話を知っていたので
しょう。彼の鋭い感性はイギリス留学で磨かれており、こう
いう問題は直ちに要点を捉えたと思われます。

6・4・6　「先生」が受けた衝撃とその後の行動

　全く思いがけなくKからお嬢さんに対する恋心を打ち明け
られた時、「先生」は度を失いました。その時の状況は次の
ように書かれています。

　　　彼の口元をちょっと眺めた時、彼はまた何か出て来る
　　なとすぐ気づいたのですが、それがはたして何の準備な
　　のか、私の予覚はまるでなかったのです。だから驚いた
　　のです。かれの重々しい口から、彼のお嬢さんに対する

切ない恋を打ち明けられた時の私を想像してください。私は彼の魔法棒のために一度に化石されたようなものです。口をもぐもぐさせる働きさえ、私にはなくなってしまったのです。

　その時の私は恐ろしさの塊りと言いましょうか、または苦しさの塊りと言いましょうか、何しろ一つの塊りでした。石か鉄のように頭から足の先までが急に固くなったのです。呼吸をする能力さえ失われたぐらいに固くなったのです。幸いなことにその状態は長く続きませんでした。私は一瞬間の後に、また人間らしい気分を取り戻しました。そうして、すぐ失策ったと思いました。先を越されたなと思いました。

　しかしその先をどうしようという分別はまるで起こりません。恐らく起こるだけの余裕がなかったのでしょう。私は脇の下から出る気味のわるい汗がシャツに滲み透るのをじっと我慢して動かずに居ました。Kはその間いつもの通り重い口を切っては、ぽつりぽつりと自分の心を打ち明けてゆきます。私は苦しくって堪りませんでした。おそらくその苦しさは、大きな広告のように、私の顔の上に判然りした字で張り付けられてあったろうと私は思うのです。いくらKでもそこに気のつかないはずがないのですが、彼はまた彼で、自分の事に一切を集中しているから、私の表情などに注意する暇がなかったのでしょう。彼の自白は最初から最後まで同じ調子で貫いていました。重くて鈍い代わりに、とても容易な事では動かせないという感じを私に与えたのです。私の心は半

分その自白を聞いていながら、半分どうしようどうしようという念に絶えずかき乱されていました。細かい点になるとほとんど耳へ入らないと同様でしたが、それでも彼の口に出す言葉の調子だけは強く胸に響きました。そのために私はまえに言った苦痛ばかりでなく、ときには一種の恐ろしさを感ずるようになったのです。つまり相手は自分より強いのだという恐怖の念が萌し始めたのです。

　Kの話が一通り済んだ時、私は何ともいう事ができませんでした。こっちも彼の前に同じ意味の自白をしたものだろうか、それとも打ち明けずにいる方が得策だろうか、私はそんな利害を考えて黙っていたのではありません。ただ何事もいえなかったのです。またいう気にもならなかったのです。

この時に「先生」が自分もお嬢さんが好きだという一言を口に出さなかったのは、損得計算とは全く異なる次元の何かがそれを阻んだからです。そしてそれを言う機会は二度とめぐってきませんでした。

　この告白の前には、Kがそんなことを言いだすとはどうしても考えられませんでした。実際こんな事もあったのです。

　我々が首尾よく試験を済ました時、二人とももう後一年だといって奥さんは喜んでくれました。そういう奥さんの唯一の誇りとも見られるお嬢さんの卒業も、間もなく来る順になっていたのです。Kは私に向って、女とい

うものは何にも知らないで学校を出るのだといいました。Ｋはお嬢さんが学問以外に稽古している縫い針だの琴だの生花だのを、まるで眼中に置いていないようでした。私は彼の迂闊を笑ってやりました。そうして女の価値はそんな所にあるものでないという昔の議論をまた彼の前で繰り返しました。彼は別段反駁もしませんでした。その代りなるほどという様子も見せませんでした。私にはそこが愉快でした。彼のふんといったような調子が、依然として女を軽蔑しているように見えたからです。女の代表者として私の知っているお嬢さんを、物の数とも思っていないらしかったからです。

Ｋの態度はあくまで超然としていたので、お嬢さんに恋い焦がれるなどという事があり得るとは考えなかったのです。落ち着かない日々を送っていた理由は、まったくのところ、お嬢さんの心がＫの方へ行ってしまうのを恐れていたという一点だけでした。したがってＫの告白は完全な不意打ちでした。こういう場合に日本人が最大の脅威を感じることは『菊と刀』の第２章「戦争中の日本人」で説明されています。

　　アメリカ人はその全生活を、たえず先方から挑みかかってくる世界にかみ合わせている ── そしていつでもその挑戦を受けて立てるように準備している。ところが日本人は予め計画され進路の定まった生活様式の中でしか安心を得ることができず、予見されなかった事柄に最大の脅威を感じる。

　ここで言っておかねばならないのは、その「最大の脅威を
感じる」というのは恥の文化が然らしめているという点で
す。「先生」は通常、自分の行動を定めるにあたってKがど
ういう判断を下すかを推測しました。ところがある日突然予
見されない事が起こってしまいました。それはあらゆる予想
を越えた強烈な一撃でした。だから彼にはどうしようという
分別はまるで起こりませんでした。それで沈黙していたので
す。その沈黙は、結果からすれば、Kの発言に対する暗黙の
承認と受け取られても仕方のないものでした。これは決して
意識の問題ではなく、彼の意識を支配している無意識がさせ
たことで、その意味ではステッセルからの降伏申し入れを聴
いた乃木大将と幕僚たちの沈黙と同じ性質のものでした。

　このように見ると「先生」が意識の世界でいかに個人主義
的であろうとも無意識の根底、すなわち誕生後意識が完成す
るまでに刷り込まれた精神の領域では恥の文化の影響を蒙っ
ており、純粋な個人主義者になりきれなかったことが解りま
す。もし彼の個人主義が本物であったら、Kの自白が終わる
や否や、いや、終わるのを待たずにそれを遮って「ちょっと
待った、僕は君以上にお嬢さんを愛しているぞ！」と叫んで
立ち上がったでしょう。アメリカの青年ならきっとそうしま
す。そうであれば物語はまったく別のものになります。

　思いがけない後れを取った（と思った）「先生」は、もは
や真っ当な方法ではKに与えてしまった事実上の承認を取り
消せないので、誠実でない手段に訴えました。彼は、Kが
「先生」のことを競合者とは気づいていないのに付け込みま
した。Kは「先生」を信頼していたので、二、三日後に自分

の恋情に対する批判を求めました。Kの心には一種の逡巡が
あったのです。「先生」はこの隙を捉えて「精神的に向上心
の無いものは馬鹿だ」という、かつてKから浴びせられたき
つい評言を投げ返しました。Kは沈黙しました。Kの自尊心
は無残に打ち砕かれました。そして数日後、彼はKに一言の
断りもなく奥さんに、お嬢さんを下さいと申し出ました。奥
さんはあっけない程簡単に承諾しました。彼女の言う所によ
ると、お嬢さんは既にそれを望んでいました。

「先生」は奥さんとの交渉のすべてをKに話して詫びようと
思いましたが、言い出しにくくて一日延ばしにしているうち
に奥さんの口から「先生」とお嬢さんとの婚約がKに伝わり
ました。そしてその二日後にKは自分の部屋で自殺しまし
た。遺書がありましたが、お嬢さんについては一言も触れ
ず、「先生」に対する非難も無く、ただ自分が薄志弱行で先
行き見込みが無いから死ぬということだけが書かれていまし
た。

6・4・7　刷り込まれたものと学習されたものとの葛藤

「先生」はKを手に掛けたのではありませんし、死ねと示唆
したのでもありません。それどころかKの死を予想すらして
いませんでした。そしてKの死の真相は「先生」のほか誰一
人として知りません。したがって「先生」には法的責任を追
及されたり、社会的に批難されたりする可能性はありませ
ん。しかし彼の内心では道義的責任感が渦巻いていたに違い
ありません。そしてこの場合に特に注意しなければならない
ことには（漱石がどこまで知っていたかは明らかでありませ

んが）「先生」が生まれた社会の文化の型すなわち恥の文化
と、他国の文化の型（罪の文化）の下で発達した個人主義と
は必ずしも整合しないということです。このことは2・3・1項
でご覧いただいた図1および図2で直ちにご理解いただける
でしょう。すなわち図1の型の社会は各個人の独立に適した
構造を持っていますが、図2の型の社会は集団を形成するの
に適しており、個人の独立には向いていません。

　ベネディクトは『菊と刀』の第10章の「異なった諸文化
の研究においては、恥を大いに信頼する文化と罪を大いに信
頼する文化とに区別することは重要である」という文で始ま
る段落でこういう事を言いました。

　　　恥が主要なるサンクションである文化でも、人びと
　　は、アメリカ人なら誰でも当然罪ありと感じるであろう
　　ような行動を悔やむ。この悔いは非常に強い場合があ
　　る。それは罪が主たるサンクションである文化でなら告
　　白と懺悔によって救われもしようが、恥の文化ではそう
　　はいかない。

　まるで「先生」のことを言っているように見えます。彼は
告白と贖罪に救いを求めるわけには行きませんでした。それ
は社会が容認する道でもなければ彼の良心が許すことでもあ
りませんでした。彼の心の内には罪の文化的なものもありま
したが、生まれ育った所は恥の文化の国であり、その国が彼
に刷り込んだ（imprinted）ものを完全に拭い去ることはあり
得ませんでした。

その小説の大詰めには「先生」の心の中に起こった死への誘いが鬼気迫る文章で書かれています。何かしようとしても、何者とも知れぬ強力なものが行動を遮り、自殺以外に通じる道をすべて閉ざします。財産は十分にあるので切迫した問題にはなりませんが、生きることの意味が失われるという、類例の見当たらない苦境に追い込まれたのです。そのとき明治天皇が崩御し、乃木大将が殉死するという、時代の区切りを象徴するような出来事がありました。これが「先生」に、自分が「明治」という時代に殉死するのだという決心をさせました。

　今、この21世紀に在って明治の日本を振り返って見れば、一種の教訓を見出すことが出来ます。幕末には大きくかけ離れていた日本と欧米先進国との間の国力の差を何とかして縮めようとして、国を挙げて努力したのが「明治」でした。その成績は、満点ではなかったものの、かなり高かったと言えます。これに誇りを感じたのは漱石一人だけではありませんでした。『こころ』の主人公が「明治」に殉じたという設定は実に巧妙です。

　しかしながら明治より後の日本はそれに相応しいものではありませんでした。第一次大戦で日英同盟の約定から参戦した日本は、ドイツ海軍の基地があった青島を攻略しただけで戦後に結成された国際連盟の常任理事国の地位を獲得し、五大国のひとつとされました。これが日本人の慢心を導き、第二次大戦への道を突き進んで大失敗をしたのです。これは「昭和」という元号の付いた時代の前半を含む、日本史上最悪の時代のことです。昭和が終わった時には誰一人「昭和に

殉じよう」と考えた人はありませんでした。小説『こころ』
の真髄が現代人に伝わり難いのも当然かもしれません。

6・5　W・シェークスピア作『ハムレット』

6・5・1　概　要

『ハムレット』の初演は1600年頃と言われています。それ
は中世デンマークのエルノシアの王城で展開される王子とそ
の叔父との争いを描いた悲劇です。

　ある日国王ハムレットが庭園でうたた寝している時に毒蛇
に噛まれて急死し、王の弟クローディアスが王位を継ぎ、先
王の妃ガートルードを自分の妻にしました。先王の一子ハム
レットは叔父のこういう行動に疑問を感じましたが、悪事が
あったという証拠を得られないまま憂うつな日々を送ってい
ました。そんなある日、城の衛兵の中から先王の亡霊を見た
と言う者が現れました。それを聞いたハムレットは早速その
兵に手引きをさせて夜の城壁に立ちました。やがて現れた亡
霊は衛兵を遠ざけてから、毒蛇の害というのが実はクロー
ディアスの凶行であったことを王子ハムレットに告げまし
た。これが話の発端で、仇討ちに伴ういろいろな出来事が展
開されていきます。

　しかし情報を得たと言っても亡霊から聞いたことだけでは
夢に見たのと同じで、第三者の認識に訴えることは出来ませ
ん。有名な科白 "To be or not to be, that is the question." はここ
で吐露されます。これについて少々考察しましょう。

6·5·2 考 察

　ある日本人翻訳者はその科白を「永らうべきか死すべきか、それが問題だ」と訳しましたが、筆者の見る所では、それは正しくありません。'be' は、何より先に存在を意味します。存在の可否は生死の可否より厳しい問題です。こういう問題に対して日本人は一般に厳しい態度を取りませんが、欧米人はしばしば日本人には思いもよらぬ厳しい態度を取ります。

　筆者が本書の第2章で提出した仮説がそこに関わっているのに注意してください。2·3·1項に掲げた図1を筆者は「アメリカ人の社会の基本構造」と呼びましたが、その限定を緩めて「西欧人の社会の基本構造」としても大きい間違いにはならないでしょう。そういう仮定のもとでこの問題を見ると、いろいろな事柄に対して欧米人の取る態度が概して日本人の態度より厳しいように思われます。それが何故かを追究すると、図1の場合には一般的に善悪の判断と処置が超越的な偉大な力に従うのに対して、図2の場合には相互の負い目のネットワークを構成する個人の間の不均衡を均すことによって解決が図られるからです。それは本書の2·1·1項で見たベネディクトの指摘と矛盾しません。そこにはこう書いてあります。「それゆえ抜かりなさと自重とを厳しく同一視するということは、他者の行動の中に観察されるあらゆる手掛かりに注意するということであり、他者が裁判官の席に<u>居る</u>という厳しい感覚でもある」すなわちある人の行為が良いか悪いかを判断するのは超越的な偉大な力ではなく、同じ社会の他者に過ぎないのです。そこには超越的な<u>偉大さ</u>はありま

せん。当事者とその周辺の人々に承認されれば良いのです。ベネディクトは善悪に対する日本人の態度の印象が読者によって実際以上に緩く受け止められることを避けるためにわざと厳しい表現を使ったのでしょうが、筆者の見るところでは、欧米人の態度の方が厳格です。近世の日本では、時にはいわゆる大岡裁きが行われました。しかし図1の社会ではそんなことは行われません。一つの社会のどこへ持って行っても厳密に良しとされなければ「善」ではありません。そして「真」についても同様の事が言えます。それは近代科学が西欧に誕生したけれども我が国にそういうことが起こらなかった理由を暗示しているのかもしれません。

　ハムレットはクローディアスの犯罪を確認するために一つの実験をしました。旅芸人の一座を利用し、クローディアスをはじめ城中の主だった人々が集まった席で叔父の凶行を再現すると、彼は極めて不機嫌な表情になり、足早に退場しました。これはもはや事実上の自白です。実験は成功しました。クローディアスの罪は確実と思われましたが、仮にも国王の座にある者をいきなり殺すわけには行かず、適当な機会を捕らえようとしていると、クローディアスの方でもハムレットを殺そうと秘密の計画を立てました。そしてその両者が周囲の人達を巻き込みながら最終決着へと進んで行くストーリーはなかなかの見ものですが、その詳細は本書で扱うことではありません。

6・5・3　評　価
　イギリスは第一次大戦頃まで世界をリードする勢いを示し

ていました。日英同盟が結ばれたのはその頃です。その同盟の目的はロシアの東アジアへの進出を牽制するためのものでしたが、一般の日本人にとっては文化の面で何となく英語圏への親近感を増し、ロシア語圏への近づき難さを感じさせました。ロシアにも優れた文学作品があることは誰でも知って居ますが、どういうわけか、そういう雰囲気があったのです。その雰囲気の中で『ハムレット』は優遇されました。

　しかし筆者は日本人が心底から『ハムレット』を高く評価しているかどうかという点については確信が持てません。『ハムレット』はどこから見ても罪の文化の作品です。主人公は常に個人として思考、行動し、何等かの意味で集団の一員であることを意識することはありません。仇討ちは日本の伝説にもたくさんあることで誤解の余地はありませんが、たとえばハムレットが誤ってポローニアスを殺した時にオフェリアに適切な弔詞の一言でも贈ることは、王族という特権階級でも、あっても良いのではないでしょうか。オフェリアの遺体が埋葬される場面では、彼は大きい口をきいたではありませんか。わが国の観衆と読者たちは一体こういう事をどう見ているのでしょうか。筆者は罪の文化というものの「人情」に対する感覚に不思議なものを見る気がします。

6・6　イプセン作『人形の家』

6・6・1　作品について

　ノルウェイの劇作家ヘンリック・イプセン（1828－1906）は近代演劇の創始者として非常に有名です。そして数ある作

品の中でも最も有名なのが『人形の家』です。この劇は社会における女性の地位に関して大きい問題を提起しました。女性が男性より低い地位しか認められないのは、19世紀中頃まではどこの国でも普通の事でしたが、この劇の上演を契機として欧米諸国でまず女性参政権獲得という形で強い運動が始まり、その後社会のあらゆる面での男女平等を目指す活動が広く展開されてきました。『人形の家』はこういう意味で画期的な劇ですが、筆者はここでその劇を文化の型の側面から観察しようと思います。

　主人公ノラは田舎町に生まれましたが、8年前にヘルマーと結婚してからは都会に住んでいます。ヘルマーの職業は弁護士で、自分の事務所を構えて人を使っていましたが、更に銀行の支配人になってくれという話がもたらされ、翌年一月一日付で就任することが決まっていました。劇はその直前のクリスマスの三日前から三日間の出来事を描いています。その出来事は過去の複雑な経緯を反映しています。順序を追ってそれを見ましょう。

　数年前のことです。ヘルマーの事務所に雇われていたクログスタットという男がノラの学友クリスチナに求婚したけれども彼女はそれを断って他の男と結婚しました。然し不運なことにその夫は病死してこの劇の頃にはクリスチナは生活苦にあえいでいました。一方クログスタットは仕事の上の不正行為のためにヘルマーの事務所から追放されました。彼はその件を隠して銀行に再就職しました。

　クログスタットを追放した後にヘルマーは重い病に倒れました。医者は温暖な南国で転地療養するように指示しました

が、その費用は借金によらねばできませんでした。そして高利を避けるとクログスタットしか頼りになる貸主はありませんでした。彼は、金を用立てるに当たってノラの父親の保証を求めました。ところが父親は遠隔地に居り、しかも明日をも知れぬ重態でした。ノラは夫の看病のために帰郷もならず、万策尽きて父の署名を偽造しました。クログスタットはそれに気が付きましたがすぐには問題にせず、自分の立場が危うくなった時にヘルマーを脅すために取っておきました。

　クリスマスの三日前に、ノラは久しぶりにクリスチナの訪問を受け、生活の苦しさを知らされました。ノラはそれをヘルマーに訴え、彼女には事務的な仕事の才能があるから銀行に入れてはどうかとすすめたところ、彼はクリスチナに二、三の質問をし、採用しようと言いました。クリスチナは喜んで帰り、ヘルマーは所用があると言って外出しましたが、その後にクログスタットが来てノラに脅しをかけました。彼はヘルマーの事務所を去った後銀行に勤めていたのですが、ヘルマーが支配人になると解雇されるに違いないのでノラを脅迫してそれを阻止させようとたくらんだのです。ノラは強気でそれに対抗しようとしましたが、そういう場面での掛け引きでは、相手が一枚上手でした。その違いを克服できなかったノラは遂に死を決意しました。以下に掲げるのはそれ以後の舞台上での台詞です。但しその中で一カ所、筆者による説明が挿入されますからご了承ください。

　舞台上の場面はヘルマー邸の応接間で、クリスマスパーティーが終わって客が皆帰った後です。訳文は島村抱月によります。

6・6・2　ノラとヘルマーとの対話

　ノラは、自分の不正行為による借金が夫に知られる前に家を出ようと決心し、ヘルマーが自分の部屋に入った時に去ろうとしました。

　ノラ　　　　（狂気の目つきで身の回りを手探り、ヘルマーのドミノの上着をつかんで自身に打ちかけ、早口にしわがれた切々の口調でつぶやく）もう二度とあの人には会えない。もうもうどんな事があっても（頭からショールをかぶる）子供にももう会えない。あの黒い氷のような水 ── あの底の知れない ── ああ、こんなことにならずに済んでしまったら（ショールをかける）ああ、丁度今あの人が手紙を取って読んでいる。いいえいいえ、まだまださようなら、なお ── そして子供たち達者でおいで ──（女は廊下に走り出ようとするその瞬間にヘルマーが手荒く扉を開け、開いた手紙を手に持って現れる）

　ヘルマー　　ノラ！

　ノラ　　　　（叫びながら）ああ！

　ヘルマー　　これは何だ？　この手紙の中に書いてあることをお前は知っているか。

　ノラ　　　　ハイ知って居ます。ですから私もう行きます。通してください。

　ヘルマー　　（引き止めながら）どこへ行くと言うんだ。

　ノラ　　　　（ふり離そうとして）私を助けてくださらなく

てもいいんです、あなた。

ヘルマー　（よろめきながら）やっぱり本当だ！　この中に書いてあるのは本当なのか？　── いや、いや、こんな事が本当であろう筈がない。

ノラ　　　本当です。それというのも私、あなたを愛するためには何をしても良いと思ったからです。

ヘルマー　弁解はしないでもよろしい。

ノラ　　　（一足夫の方に進んで）あなた ──。

ヘルマー　困った奴！　なんということをやったのか ──。

ノラ　　　だから私を行かせて下さいよ ── 私を助けてくださらなくてもよいのです。あなたが自身で私の罪をきるには及びません。

ヘルマー　（あちこちと歩きながら）考えてみれば実のところなんという恐ろしいことだろう。この八年の間 ── 私の誇りにして喜んでいたその女が ── 偽善者、嘘つき ── そればかりならまだいいがもっと情けない罪人なのだ ── ええ汚らわしい（ノラは黙ってじっと男を見ている）お前は私の幸福というものを全く打ち壊してしまった。私の将来は亡びてしまった。ああ、考えても恐ろしい、私は、悪人の手中に陥っているのだ。あの男のしたいままにさせろ、そいつの欲しいだけ貪られても私は黙って居なくちゃならない。そしてこの災難はみんなお前のおかげなんだ。

ノラ　　　私が居なくなったら、あなたの御迷惑は無くな

　　　　　　ります。

ヘルマー　　甘い事を言うな。お前のお父さんも何時も口が
　　　　　　巧かった。お前が言うとおり、お前が世の中か
　　　　　　ら消えてしまったところで、それが私に対して
　　　　　　何の役に立つ？　何にもなるものじゃないよ。
　　　　　　あいつはそんな事には頓着なく、この事件を公
　　　　　　にするだろう。そうなると私は共犯人と見られ
　　　　　　ないものでもない。世間では私がこの事件の陰
　　　　　　にあるお前を教唆したのだと思うのだ。さあこ
　　　　　　れだけ言ったらおまえのしたことがわかったろ
　　　　　　う。

ノラ　　　　（冷静に）はい。

ヘルマー　　実に、あるまじき事だ。事実とは思えない。し
　　　　　　かしともかく打ち合わせをして片をつけなく
　　　　　　ちゃならない。その肩掛けを脱いでおしまい。
　　　　　　脱げと言っているじゃないか。先ずどうかして
　　　　　　奴を宥める必要がある。── どんな事をしても
　　　　　　秘密はあくまでも保たなければならない。そ
　　　　　　れからお前と私とは、今まで通りにやってい
　　　　　　く。しかしそれは勿論世間体だけの事だ、お前
　　　　　　もやっぱりこの家に居るのは無理だが、子供の
　　　　　　教育はお前には任されない。こいつは決してお
　　　　　　前に任すわけには行かない。ただ、こんなこと
　　　　　　をあれほど愛していたと言わなくちゃならんと
　　　　　　は、今だって愛している心はちがいないのだ
　　　　　　が。しかしもう駄目だ。今日からは幸福という

ものはなくなってしまう。無意味な破れた幸福
の影を引きずっていくだけだ。（ベルの音がす
る。ヘルマー身を起こす）なんだあれは？　こ
んなに遅く！　いよいよやってきたのかな？
彼かしら？　──ノラ、お前は隠れなさい、そ
うだ病気だと言ってやる。（ノラは身動きもし
ないで黙っている。ヘルマーは扉の方へ行って
開ける）

　　ヘルマー　エレン（女中）か？

　ここまではクリスチナの身の上に起こった事は全然関係し
ていません。ヘルマーが読んだ手紙は、彼女が銀行に採用さ
れたことをクログスタットがまだ知らなかったときに書かれ
たものでした。ところがその後彼女は職を得、彼の求婚に同
意したので情勢は一変しました。新しい手紙はそれを告げる
ものでした。

　　エレン　　（着物を引っかけたまま廊下で）奥様に手紙が
　　　　　　　参りました。
　　ヘルマー　私によこせ。（手紙をひっつかんで扉を閉める）
　　　　　　　そうだ、あいつからだ。お前はいけないよ。俺
　　　　　　　が読む。
　　ノラ　　　読んでください。
　　ヘルマー　（ランプの傍で）読む勇気も出ない。二人の身
　　　　　　　の破滅だろう。私もお前も、いや、よむ必要が
　　　　　　　ある。（急いで手紙を荒く開く。二、三行読ん

で封入してあるものを見る。歓びの叫び声) ノ
ラ！

(ノラ不思議そうに男を見る)

ヘルマー　ノラ！　どうしたというんだ。もう一度読んで
　　　　　みよう。そうだそうだ。やっぱりそうだ。ノ
　　　　　ラ、私は助かったよ。

ノラ　　　私は？

ヘルマー　無論お前もだ。二人とも助かった、二人とも。
　　　　　これご覧、あの男が話の証文をかえしてきた、
　　　　　手紙には思い返した、詫びをすると書いてあ
　　　　　る。これから幸福な生活に入ると書いてある。
　　　　　——(証文をちょっと見て) いや見まい見まい。
　　　　　今までのことは、私にとっては馬鹿馬鹿しい夢
　　　　　のようなものだ。(証文と二通の手紙を割いて
　　　　　ずたずたにする。そして火の中に投じて燃える
　　　　　のを見つめる) さあこれでいい。手紙による
　　　　　と、クリスマスの晩から —— してみると、ノラ
　　　　　のこの三日というもの、おまえはずいぶん辛
　　　　　かったろうな。

ノラ　　　この三日間、全く死にもの狂いでしたのよ。

ヘルマー　そして他に苦しみを逃れる道というものはない
　　　　　んだから —— いや、もう、あの恐ろしい事は考
　　　　　えまいね。俺たちはただ愉快に祝ってもうすん
　　　　　だと繰り返しておこう。—— それノラ、お前
　　　　　俺のいっていることが聞こえないのかえ。まだ
　　　　　判然と事柄が呑み込めないような。ああわかっ

た、かわいそうにお前は俺がまだ怒っていると思っているね。俺はもう許してやったんだよ。誓って許したよ。一切許してやったんだからね。ああ、お前のしたことはみんな私を愛する心から出た事だと、それは俺にはよくわかっているよ。

ノラ　それだけは本当です。

ヘルマー　お前は妻として十分私を愛してくれた。ただ手段を誤ったのだ。けれども私は、そんな弱点のためにお前を可愛がらないような男じゃないよ。そんな男じゃないから、ただ私に寄り添ってさえいればよい。私はお前の相談相手、案内者にもなるよ。万一、お前の女らしい弱点がひとしお哀れに見えないような男なら、本当の男でないさ。さっきは出し抜けでびっくりしたものだからひどいことも言ったが、あんなことは気に掛けちゃいけないよ。あのときはまったく世界が耳元ででんぐりかえるかと思った。私はもうお前を許したよ。ノラ、誓って許したよ。

ノラ　おゆるしくださってありがとうございます。（右手から出ていく）

ヘルマー　あ、これ、お待ち（せきこんで）そっちへ行って何をするつもりだ？

ノラ　（内から）人形の衣装を脱ぎます。

ヘルマー　（入口のところで）ああ、そうおし。少し静かにして落ち着くといいさ。家の小鳥さん、じっ

として休むがよい。俺の広い翼の下でかばって
やるから（扉の傍をあちこち歩きながら）あ
あ、実に美しい、── 平和な家庭だな。ノラ、
こうしていさえすればお前は安全なものだ。鷹
に追いかけられた鳩のようなお前をこうやって
私が救っていてやっている。今にその胸の動悸
も静めてやるよ。全体どうして私はお前を追い
出すの叱りつけるのと、そんな気持ちになった
ろう。ノラさんは生粋の男の胸中というものを
知るまい。男が自分の妻の過失を一々率直に許
した時の、その気持ちというものは言うに言え
ない美しい穏やかなものだよ。女はその時から
二重に男の持ちものになる。いわば二度生まれ
変わるようなものだ。妻であると同時に子供に
なる。お前もこの後は私に対してそういう関係
になるよ、いいかい、もう何も気に掛けない
で、ただもうその胸を開いて、私に任せていれ
ば、私がおまえの意思にも良心にもなってや
る。（ノラ、普段着に着かえて入り来り、テー
ブルの方へ横切る）おや、どうしたんだ？　寝
室へは行かないのか？　着物を着かえて ──。

ノラ　　　ええ、あなた、やっと着物を着かえましたよ。
ヘルマー　けれどもどうしてこんなに遅く？
ノラ　　　今夜は私、寝ないのです。
ヘルマー　でもお前 ──。
ノラ　　　（懐中時計を見て）まだそんなに遅くはありま

せん。ちょっと座ってくださいな。あなた、お互いに言いたいことが沢山あるから（テーブルの方の椅子に掛ける）

ヘルマー　ノラ、どうした訳だ、その冷たい難しい顔は──。

ノラ　座ってください。幾らか暇がとれるでしょうから、私、沢山あなたに話したいことがあるんですよ。

（ヘルマーはテーブルの向こう側に腰を下ろす）

ヘルマー　だしぬけに変じゃないか、お前の言う事はさっぱりわからない。

ノラ　おわかりになります？　つい今夜まで──貴方には私というものがわからないし、私には貴方というものがわからなかったのですよ。いえ、待ってください。私の言う事を聞いてくだされ
ばよいのです。私たちは愈々の決まりをつける時になりましたわ。あなた。

ヘルマー　（大して気にせずに）それはどういう訳だ？

ノラ　（暫く黙っていた後）あなたはこう向き合っていて、一つ不思議なことがあるとはお思いにならないの？

ヘルマー　何だろう？

ノラ　私たちが結婚してから、もう八年になりますね、それに不思議じゃありませんか。あなたと私が夫婦差し向かいになって真面目な話をしたことはついぞ一度もありません。

ヘルマー　真面目な話……ふむ、どういう話？

ノラ　　　丸八年、もっと経ったでしょう —— 初めて私た
　　　　　ちが知り合ってからというもの —— 私たちはた
　　　　　だの一度も真面目なことを真面目な言葉で話し
　　　　　合ったことはありませんよ。

ヘルマー　すると、お前じゃどうすることも出来ないよう
　　　　　な心配事まで持ち掛けてお前に苦労させろとい
　　　　　うのか？

ノラ　　　私、心配事を言っているのではありません。私
　　　　　たちはどんな事だってついぞ底の底まで真面目
　　　　　に話し合ったことが無いというのですよ。

ヘルマー　でもお前、真面目な事なんかおまえの柄にない
　　　　　事じゃないか？

ノラ　　　ええ、そこなの、あなたは少しも私という者を
　　　　　理解していらっしゃらなかったでしょう。私は
　　　　　今まで大変間違った取り扱いを受けてまいりま
　　　　　した。第一は父からですし、その次はあなたか
　　　　　らですよ。

ヘルマー　何を言う？　お前のお父さんからと私から間
　　　　　違った取り扱いだと？　—— あれほど深くお前
　　　　　を愛していた俺たちに？

ノラ　　　（頭を振りながら）あなたは決して私を愛して
　　　　　いらっしゃったのではありません。愛するとい
　　　　　うことを慰みにしておいでなさったのです。

ヘルマー　どうしたんだろう。随分不条理な恩知らずの言
　　　　　い方じゃないか。お前はこの家へ来て幸福だと

　　　　　　は思わないのか？

ノラ　　　　いいえ、ちっとも、そんなことは思いません。
　　　　　　始めはそう思っていましたけれど間違いでし
　　　　　　た。

ヘルマー　　幸福でなかったと？

ノラ　　　　ええ、面白おかしく暮らしてきたのです。あな
　　　　　　たには何時も親切にしていただきましたけれ
　　　　　　ど、家は子供の遊び場でしかなかったのです
　　　　　　よ。その中で私は、あなたの人形妻になりまし
　　　　　　た。丁度父の家で人形子になっていたのと同じ
　　　　　　ことです。それから子供がまた順に私の人形に
　　　　　　なりました。そして私が子供と一緒に遊んでや
　　　　　　れば喜ぶのと同じように、あなたが私と遊んで
　　　　　　くだされば、私は面白かったに違いありませ
　　　　　　ん。それが私たちの結婚だったのですよ。

ヘルマー　　大げさに言いすぎた所もあるが、お前の言う所
　　　　　　にも道理はある。しかし今日からはそれを一変
　　　　　　させる。遊びごとの時代が過ぎて今は教育の時
　　　　　　代が来たのだ。

ノラ　　　　やはり私には子供は托されません。―― あなた
　　　　　　のおっしゃる通りです。そういう問題は、私の
　　　　　　力に及ばないものです。私にはそれより先に
　　　　　　解決しなければならない問題があるのですよ。
　　　　　　―― 私は自分を教育する工夫をしなくちゃなり
　　　　　　ません。それにはあなたの助力は役に立ちませ
　　　　　　んから、私独りで始めます。私がこれ切りお別

れするのは、そのためです。

ヘルマー　（びっくりして飛び上がり）何だと？　── どういう意味だか ──。

ノ ラ　　自分自身や周囲の社会を知るために、私は全く一人になる必要があります。ですからこの上あなたと一緒に居ることは出来ないというのです。

ヘルマー　ノラおまえ！

ノ ラ　　私はすぐ行こうと思います。今夜はクリスチナが泊めてくれましょうから。

ヘルマー　お前は気が狂った。俺はそんなことは許さん。禁じますぞ。

ノ ラ　　今となっては何を禁じようとおっしゃっても無駄です。そんなことは無用ですよ。それでは私、自分の身の回りのものを持っていきます。あなたからは、この後も一切お世話にならないつもりでいます。

ヘルマー　狂気の沙汰だな。

ノ ラ　　明日、私は生まれた所へ行きます。

ヘルマー　生まれた町へ！

ノ ラ　　生まれた町と言っても、今は何もありませんけれど、何か生活の便宜があると思いますから。

ヘルマー　どうしてお前のような何もわからない世間知らずが ──。

ノ ラ　　だからあなた、生活の経験を積む工夫をしなくちゃなりません。

ヘルマー　言語道断だ、お前は全体そんな風にして御前の
　　　　　一番神聖な義務を捨てることができるのか？
ノラ　　　私の一番神聖な義務というのは何でしょう？
ヘルマー　それを私に尋ねるのかい。夫に対し、子供に対
　　　　　するお前の義務を。
ノラ　　　私は同じように神聖な義務が他にあります。
ヘルマー　そんなものがあるものか。どんな義務というの
　　　　　だ。
ノラ　　　私自身に対する義務ですよ。
ヘルマー　何よりも第一におまえは妻であり、母である。
ノラ　　　そんなことはもう信じません。何よりも第一
　　　　　に私は人間です。丁度あなたと同じ人間です。
　　　　　── 少なくともこれからそうなろうとしている
　　　　　ところです。無論、世間の人はたいていあなた
　　　　　に同意するでしょう。書物の中にもそう書いて
　　　　　あるでしょう。けれどもこれからもう、私は大
　　　　　抵の人の言う事や書物の中にあることに満足し
　　　　　てはいられません。自分で何でも考え極めて明
　　　　　らかにしていかなくちゃなりません。
ヘルマー　お前は家庭における自分の地位というものを
　　　　　知って居ないのか？　お前だって何らかの道徳
　　　　　心は持って居ようから。それとも何かえ、お前
　　　　　には良心さえも無いのだろうか。
ノラ　　　そうですね、それはむずかしいことでしょう。
　　　　　── 私にはよくわかりません ── そんなことに
　　　　　は全く見当がつかないのです。ただ私、あなた

　　　　　のお考えなさるのと全く違って考えているとい
　　　　　うことだけは申されます。それからまた、法律
　　　　　だって私の思っていたこととはまるで違うとい
　　　　　うじゃありませんか。そんな法律は私、正しい
　　　　　と信じられません。娘が死にかかっている父を
　　　　　いたわる権利も夫の命を救う権利も無いという
　　　　　のですから信じられませんね。

ヘルマー　お前の言う事は子供のようだ。お前は自分の住
　　　　　んでいる社会を理解しない。

ノラ　　　ええわかっていません。これから一生懸命解ろ
　　　　　うと思います。社会と私と ── どちらが正しい
　　　　　か決めなくてはなりませんから。

ヘルマー　ノラ！　お前は病気になったのだ。熱病に罹っ
　　　　　たのだ。ほとんど本心を失って居はしないかと
　　　　　思われるよ。

ノラ　　　今までに今夜程はっきりしていることはありま
　　　　　せん。

ヘルマー　それほどはっきりした考えで、夫や子供を捨て
　　　　　るというのかい？

ノラ　　　そうです。

ヘルマー　それではもう、説明の途は、ただ一つしか残っ
　　　　　ていない。

ノラ　　　それはどういうのですか。

ヘルマー　ああ御前はもう俺を愛さない。

ノラ　　　愛しません、それが大事な点です。

ヘルマー　（辛うじて気を取り直しながら）その点もはっ

きり考えたのかい？

ノラ　　　　ええ、お聞かせしましょう。それは奇跡の現れ
　　　　　　なかった今夜のことです。あの時初めて私はあ
　　　　　　なたが思っていたのとは違った人だと気付きま
　　　　　　した。

ヘルマー　　もっとはっきり説明してくれ。私にはわからな
　　　　　　い。

ノラ　　　　私はこの八年の間、じっと辛抱して待っていた
　　　　　　ことがあるのですよ、それは勿論、そんな奇跡
　　　　　　が、しょっちゅう現れるものでないことはわ
　　　　　　かっているからです。ところが今夜の大騒ぎが
　　　　　　起こって私を驚かしたものですからその時私
　　　　　　は「さあいよいよ奇跡が現れてくる」と自分に
　　　　　　言い聞かせました。クログスタットの手紙がま
　　　　　　だ郵便受けにあった時は、私はあなたがまさか
　　　　　　あいつの申し出にへこたれるような考えをお起
　　　　　　こしになろうとは思わなかったのですよ。あな
　　　　　　たはあいつに対して「そのことを残らず公にし
　　　　　　ろ」とおっしゃるだろうと信じていました。

ヘルマー　　（ハッとしながら）ノラ！

ノラ　　　　あなたは、私がそんな犠牲は決して受けるはず
　　　　　　がない、とおっしゃるでしょう。それです。私
　　　　　　がみたくもあり、恐ろしくもあった奇跡という
　　　　　　のは、そして、そんなことをして戴かないため
　　　　　　に私、死ぬ覚悟をしていたのです。

ヘルマー　　（立つ）お前のためなら私は昼も夜も喜んで働

く ── 不幸も貧乏もお前のためならがまんする ── けれども、いくら愛する者のためでも名誉を犠牲にする男は居ないよ。

ノラ　　　　（静かに）何百万という女は、それをしてきたのです。

ヘルマー　　ああ、お前の考えていることや言う事は、駄々っ子のようだ。

ノラ　　　　そうかもしれません。けれども、あなたの考えていらっしゃることや言っていらっしゃることも、私が生涯を共にすることの出来る人のようじゃありません。恐ろしい騒ぎが通り過ぎてしまって ── 私ではなくあなた様ご自身に ── もう大丈夫となると ── あなたは平気な顔をしてどこを風が吹いたかという風にしていらっしゃる。私はまた元の雲雀や人形になってしまう ── 弱い脆い人形だというので、これからは前よりも一倍いたわってやろうとおっしゃる。（立ち上がり）あなた、この時に私は目が覚めました。この八年間というもの、私は見ず知らずの他人とこうやって住んでいて、そしてその人と三人の子を作った。ああ、そのことを考えると私はたまらなくなって ── 自分の身を引き裂きたいように思います。

ヘルマー　　（悲しげに）わかった。私たちの間には深い淵ができたのだ。けれどもノラ、その淵は何とかして埋まらないものだろうか？

ノラ　　　　今では、あなたの妻にはなれません。

ヘルマー　　俺は生まれ変わったような別の人間になる力を
　　　　　　持っている。

ノラ　　　　そうかもしれません ── 人形と縁を切ってか
　　　　　　らはね。

ヘルマー　　縁を切る ── お前と縁を切る、駄目だ、ノラ、
　　　　　　駄目だ、俺はそんなことは考えられない。

ノラ　　　　（右手の室に入りながら）仕方がありませ
　　　　　　ん ── 理由があれば、どんなことでも起こって
　　　　　　きます。（ノラは、外出支度の物と小さい旅行
　　　　　　鞄を持って出てきて、それを椅子の上に置く）

ヘルマー　　ノラ、ノラ、今でなく明日まで待ってくれ。

ノラ　　　　（外套を着ながら）他人の家に寝ることは出来
　　　　　　ません。

ヘルマー　　けれども兄と妹のつもりで住まってはいけなか
　　　　　　ろうか？

ノラ　　　　（帽子を冠りながら）そんなことが長続きする
　　　　　　ものでないのはわかっていましょう。あなた。
　　　　　　左様なら、いいえ、子供の方には行きません、
　　　　　　あれ達は私が世話するよりも却ってよく世話し
　　　　　　てもらっています。今の私の身では、子供に何
　　　　　　の役にも立ちません。

ヘルマー　　しかしいつかは、ノラ、いつかは ──。

ノラ　　　　今、そんなことがどうしてわかりましょう。私
　　　　　　は自分がこれからどうなることやら、少しもわ
　　　　　　かっていません。

ヘルマー　（大声でわめく）だが、お前は何時までも私の
　　　　　妻だ。
ノラ　　　あなた、よく聞いておいてください。とにかく
　　　　　私はあなたの義務をすっかり無くしてください
　　　　　ますなら、私が自由なのと同じにあなたも自由
　　　　　にしてください。お互いに少しも制限を置かな
　　　　　いようにしましょう。これが貴方の指輪です。
　　　　　私のも下さい。
ヘルマー　これまでもかい？
ノラ　　　それもですよ。

　こうして彼らは離婚しました。

6・6・3　『人形の家』の文化の型

　西欧の歴史が中世から近世に移り変わり、人々が「我」を
自覚するようになってからかなりの間、注目された発言は男
性のものばかりでした。女性は王族、貴族以外の者は教育の
機会にも恵まれず、思想と言えば教会から授けられるものだ
けでした。しかし18世紀の啓蒙思想はこの閉塞状態を破り
ました。そして19世紀になると、例えばナイチンゲールの
ように高度の知的かつ社会的な仕事の出来る人が現れまし
た。『人形の家』はこういう歴史的背景の中で生まれたので
す。ノラとヘルマーの口論の中で、ヘルマーが「いくら愛す
る者のためでも名誉を犠牲にする男は居ないよ」と言った
のに対してノラが「何百万という女は、それをしたのですよ」
と応じたのはこういう背景を踏まえての発言でした。

読者はもう気付いて居られるでしょうが、ノラの考え方には恥の文化的な所は少しもなく、全面的に罪の文化的です。上の引用文からそれを立証する科白を見つけるのは容易です。例えば次のものがそうです。

　　ノラ　　　私の一番神聖な義務というのは何でしょう？
　　ヘルマー　それを私に尋ねるのかい。夫に対し、子供に対するお前の義務を。
　　ノラ　　　私には同じように神聖な義務が他にあります。
　　ヘルマー　そんなものがあるものか、どんな義務というのだ。
　　ノラ　　　私自身に対する義務ですよ。

　恥の文化からは「私自身に対する義務」という独立した概念は決して現れません。自分の行動はすべて他者の思考と行動に適合するものでなければならず、「自分自身に対する義務」を尊重すれば社会から排除されることを覚悟しなければなりません。しかし西欧の社会はそんなものではないことをノラは信じていました。

　　ノラ　　　……何よりも第一に私は人間です。丁度あなたと同じ人間です。── 少なくともこれからそうなろうとしているところです。無論、世間の人はたいていあなたに同意するでしょう。書物の中にもそう書いてあるでしょう。けれどもこれからもう、私は大抵の人の言う事や書物の中に

あることに満足していられません。自分で何でも考え極めて明らかにしていかなくちゃなりません。

　『人形の家』は1879年初演（コペンハーゲン）以後世界的に大きい反響を呼んで女性解放運動に勢いを持たせ、現代のジェンダー論にまで発展しました。その間、わが国では1910年代に松井須磨子の主演で好評を博しましたが、劇全体の思想と当時の日本を覆っていた思想とのギャップが大きすぎて評価できるような影響は見られませんでした。その大きすぎたギャップというのは、劇の罪の文化とこの国の社会の恥の文化との、当時誰も知らなかった文化の型の差異が大部分を占めていたと考えられます。

　それでも我が国の女性の社会的環境は第二次大戦を境として著しく改善されました。終戦後日本を占領したアメリカ軍は社会的弱者を保護する政策の一環として各家庭における性差別を排し、家族は年齢、性別に関係なく平等とする制度を確立しました。それで形式的にはノラの理想に近くなりましたが、なお文化の型による大きい差異は消滅していません。

6・7　イギリス映画『赤い靴』

6・7・1　映画の概要

『赤い靴』は1948年に公開されたイギリス映画で、監督は、M・パウエル、E・プレスバーガー両氏です。主な出演者は、A・ウォルブルック（レルモントフ）、M・シアラー

（ペイジ）およびM・ゴーリング（クライスター）です。

　話はレルモントフが率いるバレエ団に踊り子ペイジと作曲家クライスターとが別々に入団する所から始まります。二人は有能でそれぞれ頭角を現しましたが、その頃レルモントフはアンデルセン童話の「赤い靴」を脚色した舞踊劇を企画しました。クライスターが作曲・指揮する音楽に乗ったペイジの踊りは絶賛を博しました。そして二人は熱愛の仲になりましたが、それはレルモントフが最も嫌った事でした。彼は最高の美を求めたのですが、愛はその妨げになると思ったのです。彼は強引にペイジを説き伏せて『赤い靴』を再演しようとしましたが、その開幕直前に起こった二人の男の争いは遂にペイジの自殺をもたらしました。

6・7・2　レルモントフの人生観

　ペイジが入団する前の事ですが、彼女の叔母に当たる伯爵夫人が姪をレルモントフのバレエ団に売り込もうとしてパーティーを開き、レルモントフを招待しました。その席でペイジを踊らせる手はずを整えましたが、それを察知した彼は先手を打ちました。

レルモントフ	バレエとは何だとお考えですか。ネストン様。
伯爵夫人	そうですね、運動の詩と言う人もあるでしょうし、それから……。
レルモントフ	そういう人もあるでしょうが、私にとってはもっとおおきいものですよ。私にとって

　　　　　　　　　　バレエとは宗教です。こういう雰囲気の中
　　　　　　　　　　で宗教を持ち出されたって誰も本気で見は
　　　　　　　　　　しません。
伯爵夫人　　　　　（立ち去るレルモントフの背を見ながら）
　　　　　　　　　　気障な人。

　その時ペイジは彼が踊りを見ようとしないのに気付いてそ
の後を追い、ドリンクコーナーに入るのを見て自分もそこに
行きました。レルモントフは当初そこに現れたのが伯爵夫人
の姪だとは気が付きませんでしたが、話しているうちにそれ
が解ると質問をしました。

レルモントフ　　なぜ踊りたいのかね。
ペイジ　　　　　なぜ生きていたいの。
レルモントフ　　厳密なことはわからんが、とにかくそうし
　　　　　　　　なければならんからだ。
ペイジ　　　　　私の答えもその通りよ。

　この問答に感ずるところがあって、レルモントフはペイジ
を入団させました。
　彼らの思想が互いに近いものであったのは確かですが、完
全に一致していたのではありません。詳しくはやがて明らか
になりますが、それはこの映画の主題と言っても良い程の大
問題です。
　ペイジの才能は抜群で、忽ち一座の重要人物になりまし
た。そしてその時プリマを務めていたバレリーナが結婚する

と言い出しました。同僚たち（もちろんペイジも含みます）はそれを祝福しましたが、レルモントフは不機嫌でした。彼の不満はその結婚退職を申し出たバレリーナに言った次の言葉に現れています。

　　　お前は二股掛けることなんか出来ないよ。人間の愛のいい加減な慰みを信頼するダンサーなんてものはね、そんなものは偉大なダンサーには絶対になれないんだ。絶対にだよ。

　彼は人間の愛を信じなかったのです。この物語の最後に近いところで彼とクライスターとが争ったことには前節で触れましたが、その時こんなやり取りがありました。

　レルモントフ　お前がペイジを連れて行ってから、俺が取り返すチャンスをつかもうとして、来る日も、来る日も待ち構えていたのをどう思っているんだ。
　クライスター　嫉妬しているからだ。
　レルモントフ　そうだ。だがな、お前みたいな奴には金輪際わからん筋道でのことだぞ。

　明らかにレルモントフはクライスターを軽蔑していました。それは一般的な人間に対する軽蔑です。人間はしばしば堕落しますが、彼の眼には真、善、美のいずれかにおける突出した能力を持つ者以外はすべて堕落した人間の屑に見える

のです。それは一種の理想主義かもしれませんが、むしろ偏見と言うべきでしょう。そして更に注意すべきことには、これは決して恥の文化に属することではなく、明らかに罪の文化に属することです。

6・7・3　赤い靴の魔力

　話は遡りますが、ペイジとクライスターがそれぞれの仕事に馴染んだ頃、レルモントフはアンデルセンの童話「赤い靴」をバレエに脚色することを考えていました。彼はそのストーリーの概要をクライスターに次のように説明しました。

　　「赤い靴」のバレエはハンス・アンデルセンの童話から採ったものだ。それは赤い靴を履いて踊りたいという願いに取りつかれた娘の話だ。その娘はそういう靴を得て踊りに行って、始めは万事うまくいき、彼女は幸せだった。踊りの会が終わり、彼女は疲れて家に帰りたいと思った。
　　ところが赤い靴は疲れなかった。まったく、赤い靴は少しも疲れなかった。靴は道路に出ても踊り続け、山も谷も越え、野原も森も踊り過ぎ、夜も昼も踊り続けた。時間はあっという間に過ぎ、愛もさっと行ってしまった。命も飛び去ったけれども赤い靴は踊り続けた。

　クライスターは質問しました。

　　最後はどうなるんですか。

答えはこうでした。

　　結局その娘は死ぬのだ。

　原作では、その娘は死なず、両足を切断されます。しかし
そんな違いは詮索しなくても良いでしょう。そこには社会が
凡ての個人を超越して保っている魔力の恐ろしさが描かれて
いるのです。そして超人的な美の追求が重大な危険をもたら
すことがあるという話です。それは時間も、空間も、愛さえ
も吹き飛ばし、美の主体であるべき人間をひどく傷付けた
り、死なせたりします。その社会の意思には誰も逆らえませ
ん。「あくなき美の追求」は一見個人がすることのようです
が、決して個人の意のままにはなりません。赤い靴はその超
越的な意思の象徴です。

　ペイジは、レルモントフと違って、人間の愛に心を満たさ
れるのが信頼に値せぬいい加減なことだとは思いませんでし
た。ところが後日レルモントフが『赤い靴』の再演の話を持
ち出した時にはそういう個人の意思を超越するものが彼女を
追いたてて生命の限界を越えさせたのです。そういう破局に
追い込んだものを「悪魔」と言うことが出来るかもしれませ
ん。その映画の中ではレルモントフがその役を受け持ってい
るように見えます。しかしよく考えると、その悲劇を彼一人
のせいにするわけにいかないことがわかってきます。今しが
た言ったように、それは個人の意思を超越するもの、すなわ
ち文化の型を考えに入れなければ説明も理解も出来ません。
以下ではそれについて多少立ち入った考察をします。

　すでに見たように、罪の文化の国に生まれた人は得てして、世の中は自分の思うままになるものではないということに注意が向きません。そういう人は積極的、進取的かもしれませんが不満足で一生を暮らす人になりがちです。レルモントフはそういう人の一人ですが、そういう人が比較的多いことが西欧という地方の一つの特色です。それは世界の歴史を考える上で重要な事ですから少々立ち入った考察をしておきましょう。

　罪の文化のこの基本的志向は、その文化の中に生まれ育った人々の無意識の中に根を張って彼らの活動に強い影響を及ぼします。それは宗教においては非寛容の態度を育みます。異教に対する非寛容は西欧人の真面目なキリスト教徒にとっては当然のことです。彼らの信じる神の律法は神聖で、人間を超越するものであり、一杯機嫌のパーティーの場で話題にするようなものではありません。だからレルモントフが自分にとってバレエは宗教だとした上で、こういう雰囲気の中で宗教が持ち出されても誰も本気で見はしませんと言われると伯爵夫人はぐうの音も出ませんでした。

　さて話が飛躍するように思われるかもしれませんが、筆者はレルモントフの思想および行動と、デカルトが『方法序説』の中で「我思う、故に我あり」という名言を掲げる直前に述べた事との間に関連があるのに注意したいと思います。デカルトが言ったのはこういうことです。

　　　日常の道徳について言えば、きわめて不確実であると
　　　知られている意見にも、人はあたかもそれがまったく疑

うべからざるものであるかのように、それに従うことが時としては必要であることを、私は久しい以前から認め、そのことをすでに述べてもおいた。けれども今この場合としては私はひたすら真理の探究に没頭したいと願うのであるからまったく反対の態度を取らねばならないであろう。いささかでも疑わしいと思われそうなものはすべて絶対的に虚偽なものとしてこれを斥けてゆき、かくて結局において疑うべからざるものが私の確信のうちには残らぬであろうか、これを見とどけなければならぬと私は考えた。（落合太郎の訳による）

　真理の探究に没頭するデカルトの態度と、バレエの舞台に最高の美を実現しようとするレルモントフの態度とが似ていると言っても良いように思われます。共に一切の妥協を排して、すなわち自分が価値ありと信じる目的のためならば日常の道徳さえ無視して突進するのです。この態度が罪の文化から生まれたものであることは間違いないと言っても良いでしょう。

　ところでペイジの場合はどうでしょう。ペイジの価値観とレルモントフのそれとの間に共通点があることは先程指摘しましたが、それは完全な一致を意味しません。この点については、ペイジの前のプリマが退職を申し出た時にレルモントフが言った愛に対する否定的見解がペイジによってまったく踏みにじられたことを思えば十分でしょう。レルモントフが顔に泥を塗られたように感じたとしても当然です。

　レルモントフが『赤い靴』の再演を企てたのは初演が大当

たりしたことに加えて上述の事に対する腹いせもあったと思われます。彼は策を弄してクライスターの居ない所でペイジに近づき、近況はどうかと尋ねました。彼女が仕合せだと答えると「踊り子としてもかね」と、急所を衝きました。これが功を奏して再演が実現しそうになったのですが、クライスターが黙っているはずはなく、先に述べた結末になりました。

6・7・4　関連する大きい問題

　その映画によって示唆されるものが極めて深刻であることにも注意しましょう。罪の文化に従う価値観をどこまでも推し進めていくと、文化的価値以前の人間性 —— 例えば男女間の愛のような、生物としての人間が存在するために必要不可欠のもの —— が否定されることがあります。すなわちデカルトの言う「日常の道徳」が絶対的に虚偽なるものと見なされて拒否される場合があるのです。そして恐ろしい事には、それは夫婦というような小さい問題に限られるのでもなく、その影響がバレエ『赤い靴』の再演がフイになるというようなローカルなもので済まない場合もあるのです。罪の文化はこの映画に登場する人たちだけのものではなく、何億という人々のものです。そしてその人たちは遠い祖先以来、営々として見事な文明を築いてきました。ところがその文明は他ならぬ罪の文化の内部に潜む反人間性によって、あろうことか他の文明とその遺産をも巻き添えにして、破壊されてしまう恐れがあるのです。その危機は既に百年以上も前から兆候を現し、時を経るにしたがってますます顕著になっています。

　その一つは戦争の様相です。科学・技術を戦争に応用する

ことは近代に始まった事ではありませんが、クラウゼヴィッツが戦争を論じた19世紀以来加速度的に拡大、強化されました。それは単なる技術の問題を越えて戦争に関する思想の問題になりました。第一次大戦には毒ガスが登場して無差別殺人の道が開かれ、戦後それが各国間の取り決めによって禁止されると今度は多数の飛行機による無差別爆撃という手段が編み出され、果ては原子爆弾を使って一都市を一瞬のうちに破壊し、老若男女十万人以上を一挙に殺害するという、暴挙という言葉さえ実状を知る人には生ぬるく聞こえる戦術が実行されました。20世紀中頃のことです。今ではその原子爆弾とは桁違いに強力な核融合兵器が数カ国に保有されています。

　これだけでも現代が歴史上無類の難問に曝された時代であることは明白ですが、仮に戦争が無くなっても、例えば環境問題、人口問題等、解決する見込みの得られていない難問はいくつもあります。これらに立ち向かおうとするとき、私たちは人間というものに対する従来の考え方の甘さを痛感せずには居られません。一発で何百万人もの人間を殺すことのできる武器を持つことに価値を認める程、人類は愚かなのでしょうか。もしかするとそうかもしれません。それだからベネディクトが心血を注いで書いた『文化の型』も『菊と刀』も本気で読もうとせずに長年にわたって放置していたのでしょう。人間というものの今まで知られていなかった本質を理解することは、文明の新しい進路を切り開くために是非しなければならない事です。少々遅きに失した感はありますが、今からでもしましょう。

7 日本人と「文化の型」の概念とのすれ違い

7・1 『菊と刀』が先行し、『文化の型』は見逃された

　太平洋戦争が終わるまで、日本には文化人類学という学問上の専門分野はありませんでした。1934年にアメリカで『文化の型』が出版されてもそれに関心を持つ人は居ませんでした。その後国際情勢は極度に悪化し、わが国の権力者たちが政治的体制の崩壊を避けようとしたのに伴って社会科学とそれに関連する学問分野の研究と教育は極めて窮屈な状態に陥りました。1945年の敗戦はこの束縛を一挙に解き放ちましたが、まず到来したのは我が国の経済の破綻と思想の混乱でした。その中に在って『菊と刀』は一際新しい思想として登場しました。尤も、その初舞台（1947年）は『思想』という一流の雑誌でしたが、そこに掲げられた鶴見和子の書評はきわめて粗雑で、ベネディクトを一方的に馬鹿者呼ばわりするばかりという、学者のする事とも思えない代物でした。そしてその中で鶴見は一度だけ『文化の型』に言及しましたが、その内容については何一つ触れていません。

　ベネディクトにしてみれば『菊と刀』は明らかに14年前に著した『文化の型』と密接な関係にあるものだからそれを読む人が両方を読むのは当然だと思っていたでしょう。彼女が想定した読者はアメリカ人でしょうからその考え方は当然

です。その前提が日本に当てはまらなかったとしても彼女が間違っていたとは言えません。しかし当時の敗戦国日本の状況は異常でした。通貨である円の価値は大幅に下がり、１ドルが360円という、今から考えると恐ろしい程の貧弱さでした。そして1946年頃の公務員の月収はせいぜい1800円程度でした。それであらゆる輸入品は政府の統制下に置かれ、学術文献の入手もままならぬ状態でした。『文化の型』の原書も『菊と刀』の原書も、少数の幸運な人しか読めなかったのです。そして先程言ったように、わが国には文化人類学の学識がある人は居ませんでした。こういう悪条件の中で1948年に発売された『菊と刀』の訳本（長谷川松治訳）は、宣伝の巧妙さもあってよく売れました。しかしその本の副題「日本文化の型」に注意を向けたのは柳田国男だけでした。

　その頃、文化の型に間違ったアプローチをした人がありました。尾高京子という人ですが、彼女は Patterns of Culture を「文化の諸様式」と訳して1950年に上梓しました。彼女の頭には文化様式論しか無かったのです。これは誰にも注目されませんでした。

　当時日本民族学会の会誌編集長であった石田英一郎が奔走してその特集号を1950年５月に『「菊と刀」の与えるもの』という題で発行しました。そこには川島武宜（法社会学）、南博（心理学）、有賀喜左衛門（社会学）、和辻哲郎（倫理学）および柳田国男（民俗学）の５名が寄稿しましたが、文化の型に関心を寄せたのはただ一人、柳田国男だけでした。そしてその柳田も全然文化の型を理解しませんでした。『文化の型』を読まなかったのだから当然です。他の４人は全然

無関心でした。それは翌年5月に雑誌『展望』に掲載された津田左右吉（日本史）のエッセイにおいても同様でした。

　その後1973年と2008年には米山俊直が翻訳した『文化の型』が発売されましたが、その時にはすでに『菊と刀』に対する誤った認識が一般化していたので、改めて文化の型を考え直そうという機運はどこにも出てきませんでした。筆者はこれを学問の正常な姿だとは思いません。『文化の型』は確かに理解しにくい本であり、M・カフリーがベネディクトの伝記で指摘しているように、アメリカ人の研究者たちにも誤解されましたが、ベネディクトはそれに気が付いていながら正そうとはしませんでした。そこには筆者が「はじめに」で指摘した事情があったのです。しかし筆者は、現在既に人類がそんな事を言っていられない危機に追い詰められており、真実を明らかにして正しい道を進むべきだと思います。

　以下では先ず柳田の考えを探り、それから和辻と津田がどれ程理不尽な論を吐いたかを見ます。

7・2　柳田国男

『民族学研究』の特集号が出る前月に、同誌に柳田国男と折口信夫との対談記録「民俗学から民族学へ」（司会は石田英一郎）が掲載されました。この記事と、特集号に載った柳田のエッセイ「尋常人の人生観」とを読めば、彼の思想がよくわかります。それを簡単に言えば、彼は他の日本人学者、研究者に比べて誰よりも広くかつ深い考察をしました。それにもかかわらず、文化の型の無知が災いして『菊と刀』を十分

に読みこなすことが出来ませんでした。

「尋常人の人生観」の冒頭にこういう文があります。

> いはゆる文化の型の理論は、本も手に入らず、精読したという人にも出逢わぬので、ベネジクトの出発点も私にはまだはっきりしないのだが、'菊と刀'の所説から逆推したところでは、この型は国または種族に永く附いてまわるもので、環境の変化や時の力だけでは、改めようもないものの如く、認められているものらしい。

もちろんこれは文化の型の定義としては不十分ですが、菊と刀の「逆推」だけでここまで言える人はやはり偉いと思います。津田を含めて6人の学者が選ばれた中で、ここまで知的努力をしたのは彼一人でした。他の人達は「文化の型」という新語が目の前に現れてもそれを何気なく見過ごしたのです。何と鈍感な「学者」たちでしょう。

柳田は「民俗学から民族学へ」で民族学（エスノロジー）と民俗学との違いの一面として、前者は或る民族を見るとき外から観察する視点を採るものであるのに対して後者はその民族に属する人による内からの観察をするものだという趣旨の発言をした後で次のように述べました。

> ルース・ベネディクトの言い出した文化型 patterns of culture の問題などは、どうしてもエスノロジーの占領区域、よその学者にきめてもらうような結果になるのです。

『菊と刀』は非常に新しい着眼だと思うが、いっぺんも日本に渡ってきたことのない女のプロフェッサーが、罪の文化と恥の文化と二つに分けて、日本の文化は罪の文化ではなく恥の文化、恥というものを基調にして動くと言った。非常に面白い分け方で、少なくとも近世以後の日本については、ここのところは確かに当たっている。これはどうも立ち遅れたと称すべきものだと思う。その断定がどの程度まで当たっているかを、今になってこせこせと詮索してみても始まらない。こんなことを言われる前に、ともかくも時代の変わり目だけはこちらのほうでもほんとうは整理しておかなければならなかった。日本人はどんな民族であるかということを、まるで見当違いのことをいっているあいだはいいが、半分でも三分の一でも彼らがヒットした場合には面目ない。「恥の文化」だけに、そこのところが非常に大きな刺激になります。私たちは今までどこでもそういうことをやっていない。学問をはじめて三十年、四十年にもなると自慢していながら、この問題に少しでも答えを出すようなことはやっていなかった。せっかく熱心に働いたが、片よっていたといわなければならないでしょうね。しかし逃げ口上のようだが、日本民俗学の外国のそれとの違いは、いかなる部面においてもまだいろいろの問題と資料とが保存せられており、方法さえ尽くせば明らかにできる事柄の多いのが一つの特徴で、実際また私たちの集めえた資料が非常に多い。ただそれにしてはあんまり少ししかやっていないということを言われそうな気がする。ちょっとそ

の点は情けないと思います。

　ここには柳田の真面目さが溢れています。次節と次々節に
ある甚だ不真面目な学者の文と比較してごらんなさい。文化
の型というものが理解できなかったという点では三人とも同
様ですが、柳田には理解しようという意志があり、努力もし
ています。他の二人にはそういう意志さえ無く、ベネディク
トを頭からバカにしています。まさか鶴見和子に遠慮したの
ではないでしょうが彼等の態度は共通しています。

7・3　和辻哲郎

7・3・1　『菊と刀』に学問的価値が無いという断定

　和辻は「この書にもいろいろな価値はありましょうが、少
なくとも学問的な価値だけはないとわたくしには思えるので
あります」と言って、その本に対しても、又その本を称揚し
ようとする人に対しても、言葉を極めて攻撃と牽制をしまし
た。自分より偉いものは居ないという態度です。その態度の
裏に彼の著書『風土』における主張（人間の性情における環
境決定論）の防御が見え隠れしています。

　和辻が石田の求めに応じて書いた文の中で最も力がこもっ
ているのは次の部分です。

　　　私がこの書を学問的な書として取り扱いたくないとい
　　う理由は、この書のあげているデータのなかに無数の
　　誤認や誤解があるということではありません。……（中

略）……それよりもむしろ、間違いのないデータをならべているばあいでも、それの取り扱い方に難があると思うのです。著者はそういうデータをならべているばあいでも、それの取り扱い方に難があると思うのです。著者はそういうデータから不当に一般的な結論を出しています。われわれの側からそういう結論を不可能にするだけの同数の反対のデータを容易に並べることが出来るでしょう。この著者はそういう反対のデータを細心に探し回るという努力をほとんどしていない様に見えます。従ってもし著者が『日本の軍人の考え方について』とか『日本の捕虜の考え方について』というような、範囲の限られた日本人についての考察を示されたのであったならばそれは学問的に価値があったかもしれません。しかしそれで以て「日本人の考え方」とか「日本文化の型」とかを明らかにするということになりますと、そういう部分的な事実が全体に対してどういう関係にたってるかをよほどはっきりと掴んでいなくてはならないのです。しかるに著者は、局部的な事実において直ちに全体の性格を見ているのであります。

　和辻がこれを『菊と刀』に対する反論のつもりで書いたのなら甚だしい見当違いです。こんなものを書く前に『菊と刀』を熟読すべきです。彼がここで採り上げた現象（軍人あるいは捕虜の考え方）に最も関係の深い論述は第3章にありますが、和辻はそれに気が付かなかったようです。彼は第13章にある乃木大将とステッセルとの会見談さえ見落とす

ほどの不注意な人ですからそれも当然かもしれません。第3章の最も肝要な点は、日本人が階層制度（hierarchy）を強く尊重するということです。これは男女、老若、職業、身分、居住地等に関係の無い事で、勿論軍人であろうと捕虜であろうと例外ではありません。それはたいへん解りやすく書かれています。和辻ほどの学者に理解されない話ではありません。

　和辻が持ち出した問題をもう一つ見ましょう。これも『菊と刀』の第3章に関わるものです。

　　わたくしは大日本憲法の発布された年に、中国の小さい農村に生れ、そこで育ったものであります……（中略）……その後還暦の年に当たる今日まで半世紀に亘る経験によりますと、筆者が「日本の階層制度に対する信頼」とよんでいるものには、極めて稀にしか触れることが出来なかったのであります。天保元年生まれの祖父は確かにそういう信頼の念を持っていました。しかし父やその世代の人々は「階層制度中で自分にふさわしい位置」などに安んじているひとではありませんでした。事情やむなくその位置に留まっていたとしても、少なくとも一度や二度はそこから脱出する努力をした人でありました。私自身の世代の青少年は、農村であれ、田舎町であれ、皆当然のこととしてそういう位置を抜け出ること、出来るだけ高い地位に上がることを目指して動いていたのであります。親の職業をつぎ、親と同じ位置に安んずるというような、フランスなどによく見られるあの落ち着い

た態度のものは、もう殆どなくなっていました。シオドル・ルーズヴェルトの The Strenuous Life の訳本が流行し、中学生は原文の抄本にとりついて熱心に読みました。『成功』という雑誌は田舎の町でさえも相当の数が売れていたと思います。青年たちは皆親の辿らなかった新しい道を辿ろうとしていたのです。そういうなかでそだってきたものが、半世紀近くも後に日本人は……「行動が末の末まで、あたかも地図のように精密にあらかじめ規定されており、めいめいの社会的地位が定まっている世界の中で生活するように条件づけられてきた」という言葉を聞かされて、なるほどと頷くわけにはいかないでありましょう。

　この文は一見筋道が通っているように見えますが、現実に対する認識の乏しい人の空論にすぎません。和辻は「親の辿らなかった新しい道を辿ろうとしていた」若者たちが獲得しようとしたものが何であったのかを正しく認識していませんでした。彼らが求めていたのは実力よりはむしろ学歴であったのです。なぜそういうものが多数の人達に求められたかというと、明治維新に際して武士という特権階級が廃止され、四民平等ということになったけれども、複雑な社会を円滑に活動させるにはどうしても権力者と各種の専門家が必要であり、そのために高等教育制度を設けなければならなかったからです。それに伴って専門学校や大学が設立されると、初めは旧士族の子弟が入りました。そして普通教育の水準が上がってくると元平民の中からもそこに入ろうとする人が多く

なり、和辻が言ったような状態になったのです。ここで注意しなければならないのは、高等教育機関に入学しようと志す人達の主要な目標がどこにあったかということです。筆者の見るところでは、それは専門的知識や技術を駆使して社会に貢献することよりも、階層制度の高い位置を獲得することにありました。私たちは既に本書の第4章でその実例を見ました。和辻の発言はそこまで見通したものではなく、一種の綺麗事です。日本人の心の底にあるのは『菊と刀』の第3章で言われた「日本人の階層制度への信仰と信頼」です。そしてそれは恥の文化の一つの側面なのです。

　稀に松下幸之助のような例外もありますが、日本人は通常、高い学歴を持たないと高い地位に就けません。そして一度高い地位に就けば決して低位の人のする事に手を出しません。出せば必ず侮られます。しかしながらアメリカではそんなことはありません。この違いが時には国力の差という大変な問題に絡んで来ることがあるのは、例えば機械工業の歴史を見れば解ります。しばらく次の本を参照して話を進めます。

【著者】Calvert, Monte A.
【書名】Mechanical Engineer in America, 1830–1910—
　　　　Professional Cultures in Conflict
【発行所】The Johns Hopkins Press
【発行年】1967

　アメリカでは19世紀半ばを過ぎる頃まで機械製造業は全

面的に個人主義的方針のもとに経営されていました。機械設計技術者を志す少年は、機械製造工場に徒弟として就職し、雑役から始めて機械の取り扱いを経験し、才能を認められれば図工に抜擢され、設計技術者への出世コースに乗り、工場経営者になるチャンスをつかむこともあり得ました。ところが19世紀末期になると事情が変わってきました。工場の規模が大きくなり、一人の経営者が全体を把握しにくくなった上に広大な国土が鉄道網に覆われると、時には工場から遠く離れた所で発生した事故にいち早く対応するのが難しくなり、その一方では青写真術の開発によって従来の単線的製造工程が、同時に進行する複数の工程に分割されて能率が向上したのは良いがそれに伴って互換性を確保しなければならなくなりました。そればかりではありません。主として西欧で進んだ機械工学はその頃高度の数理的、物理・化学的学識を必要とするものになりました。これは高等教育というものの価値を多くの人々に認識させる契機になりました。その人たちは、工場経営の実務においては個人主義を退け、官僚主義的手法（先例尊重、形式主義、画一主義等）を導入しました。

　しかし伝統的な個人主義を守ろうとする人たちはそれに反対しました。徒弟からたたき上げた人たちの中にも優秀な人物は幾人もいました。中でも特に有名なのはF・テイラーとF・ギルブレスです。テイラーは名著『工場管理論』を書いた人であり、テイラーシステムに名を残しましたが、学歴はありません。ギルブレスはマサチューセッツ工科大学の入学許可を得ていながらそれを放棄して実務に専念し、動作研究

に大きい業績を残しました。このほかにも何人もの無学歴者によるいろいろな実績があるので個人主義者たちの抵抗は強固でしたが、時代の趨勢は官僚主義に傾き、第一次大戦が始まった頃には、アメリカの機械工業はおおむね新体制に統一されました。

　ここで筆者が注目するのは、学歴というものに対するアメリカ人の態度です。彼らが技術者を評価する時に注目するのは学力であって学歴ではありません。この点は日本人と大幅に違います。本書の第4章には学歴はあるが学力は無い工学士が官吏として民間人を見下している実例を挙げました。これはまるで武士として町人を見下している話のように見えます。そういう人物が日本の青少年の憧れの的だなどと言いたくはありませんが、その工学士は確かに成功者の一人です。和辻が誇らしげに語った向上心の盛んな若者たちの中から彼に似た出世コースに進む人が出てくる可能性は確かにありました。今は公務員に対する試験制度が整備されたので事情が異なります。しかし第4章で見たように、階層制度に対する日本人の信仰と信頼は消えておらず、たとえば技術者がうっかりヤスリやタガネを使ったりすると軽蔑されるというようなこともありますし、図面上の単純な誤記のために組み立て不可能な製品が現れた時に、間違えた設計者が正直に図面通りの加工をした行員を怒鳴りつけるという奇妙な行動が当たり前のように行われるといった、アメリカ人が不思議に思うような癖は改まっていません。

7・3・2　和辻の言う「反対のデータ」の脆弱さ

このように、ベネディクトと和辻との考察の間には比較にならない質的差異があります。それゆえここで和辻の考察の論評を打ち切っても良いように思われますが、彼の誤った批評が七十年後の今日まで根本的な批判すらされておらず、あたかも正論であるかのように扱われてきたことを思うと、ここでもう一撃加えておくのも無駄ではないでしょう。

　和辻は、ベネディクトが1930年頃から目立ってきた軍部のイデオロギーをほとんど無批判に使っているとして「階層制度に対する信仰と信頼とか、日本は必ず精神力で物質力に勝つという思想とか」を述べた軍人の代弁者を以て「日本人」を代表させて良いかどうかが重大な問題だとして次のように述べました。

　ちょっと注意しておきますが、和辻が「階層制度に対する信仰と信頼とか」という言葉を出したのは彼の記憶の混乱からだと思います。これはベネディクトが『菊と刀』を書いたときに初めて使った表現で、「軍人の代弁者」はそんなことを言っていません。

　戦前の日本で見られた新聞や雑誌の上での論調に関するベネディクトの見方について、和辻はこう批判しました。

　　なるほどある時期の日本の新聞雑誌には、そういう言葉が掲載されておりました。海外からそれを見て、日本人の一致した考えがそこに表現せられていると感じても無理はなかったかもしれません。しかしそういう言葉が大声に叫ばれたのは、海外に対して日本人の考えを表明

するためではなくして、むしろ国内の民衆に対する統制や威嚇のためであったのです。日本人の大多数がそう考えていないために、それを抑圧しひきずっていくための標語として、いろいろなことが云われたのです。すなわち国内闘争の標語であったのです。

例えば「精神力で物質力に勝つ」という標語を取ってみましょう。著者はそれを重大視して、そこに日本人の特性を見ようとしていますが、そういうことをしてよいかどうかを考えるために、満州事変前の十数年間の日本の新聞雑誌を調べてみるがよいと思います。そこにはこんな標語はほとんど見つからないでしょう。むしろそれとは逆な唯物史観がほとんど支配的と云ってもいい程に流行しているのを見出すでしょう。そういう中からどうして精神主義の標語が浮かび上がってきたかというと、直接行動の主張を左から学び取った青年将校たちが、軍部の手に支配権を奪い取ろうとしたからです。

和辻は気付かなかったようですが、ここに論じられている問題はたいへん根の深いものです。しかしここではひとまず表層を見て、その後で深層を掘り下げることにします。

和辻は「満州事変前の十数年間の日本の新聞雑誌」の論調のようなもののことを「反対のデータ」と考えました。彼は、ベネディクトがそれを見なかったかあるいは無視して、満州事変以後に現れたものだけを重く見たのがけしからんと言っているのです。しかし彼の言う「国内闘争」で勝ったのは精神主義の側であったという事実を忘れてはなりません。

精神主義的標語が国内の民衆の統制や威嚇のためであったとしても、そういう標語を掲げることが現実的効果を期待できないものであれば軍部といえどもそれを声高に叫びはしなかったに違いありません。少なくとも当時の日本人にとってそれは、唯物論的スローガンよりは耳に入りやすかったのです。そういう標語のことを日本人の大多数がそう考えていなかったから大声で叫ぶ必要があったのだと言うなら、決して小声でささやかれていたのではない唯物史観的議論はそれ以上に日本人の大多数の考えと食い違っていたと言わざるを得ません。日本の大衆は、血を流してまで精神主義を振り切ってしまう程の魅力を唯物史観に感じはしなかったのです。和辻はこの事実を覆すに足る証拠を握っていたわけではないでしょう。

　もし我が国の「市井の人」たちが唯物史観に強い魅力を感じたとすれば、いかに白色テロが猛威を振るおうとも、日本は赤化したでしょう。しかし実際にはそうなりませんでした。それはなぜかが問題なのです。以下しばらく、その問題に関連する若干の事実を拾い集めてみましょう。

　1945年の夏に日本の権力者たちの間でポツダム宣言を受諾するべきか否かが問題になった時に最も懸念されたのは、第一次大戦に敗れたロシアとドイツで起こったような革命がこの国でも起こるのではないかということでした。国内には、自信を持ってそれに答えることのできる人は一人も居ませんでした。それで甚だ不安であったけれども、国民には「国体維持」を強く宣伝しながら降伏に踏み切りました。結果は、完全無欠と言える程平穏な終戦になりました。そこ

には確かに「玉音放送」の効果もありましたが、その効果も含めてもっと大きいものに注目しなければ「平穏な終戦」の全貌は見えません。日本全土を占領した米軍は、小競り合いさえなかったとは言いながら、決して気を許してはいませんでした。その中で昭和天皇のマッカーサー訪問が行われました。当初マッカーサーはたぶん命乞いだろうと高を括っていましたが、天皇が「私の一身はどのように処分されても異存は無いが、国民に今以上の苦しみをさせないようにお願いする」と言ったので、彼はびっくりしました。こんな事を言う国家元首があろうとは思いも寄らなかったのです。それは実に立派な恥の文化的メッセージです。天皇の全国巡幸が始まったのはそれから約一カ月後でした。天皇が出発する前には占領軍首脳の中には天皇に石を投げる者があるかもしれないと危惧した人もありましたが、事態はその逆でした。天皇は歓迎する大群衆にモミクチャにされました。それは東京でも、名古屋でも、大阪でも同様でした。このままでは何時不測の事態が発生するかもしれないと気付いた占領軍は身辺警護をするようになりました。それ以後は、各地の大群衆は秩序正しく天皇を迎え、送りました。

　日本人は実にはっきりした態度を示したのです。これを見た占領軍幹部は、ベネディクトが終戦よりずっと前に出していた忠告を思い出さずにはいられませんでした。彼女はこう言ったのです。

　　①天皇を侮辱してはいけない。
　　②皇居を爆撃してはいけない。

このうち②は終戦まで概ね守られましたが、①の方は、例えば各学校の御真影奉安殿を破壊するというような作業をすでに行っており、早急な方針転換をしなければなりませんでした。占領軍の当初の計画によると、日本人自身の行動を待たずに天皇を戦争犯罪者として処刑し、この国を帝国から共和国にすることによって将来も軍国主義化しないように持っていくことが考えられていたのですが、それはかえって国民の感情を悪く刺激することが明らかになったのです。ベネディクトが与えた注意は確かに適切でした。しかし和辻はこういう事に全然注意をしていません。この点は次節で見る津田左右吉も同様でした。

7・4 津田左右吉

7・4・1 大きい問題点

次に掲げるのは雑誌『展望』の1951年5月号、すなわち『民族学研究』の特集号『「菊と刀」の与えるもの』の1年後に発行されたものに掲載された津田のエッセイ「外国人の日本人観について」からの引用です。「著者」というのはもちろんベネディクトのことです。

　　著者の考えようとしたことは、日本人がどういうばあいにどういう行動をするか、それがどういう性情のあらわれであり、どういう心理のはたらきであるか、その根底となっている道徳観人生観はどういうものであるか、ということであって、それを日本人の日常生活、その生

活の営みかたによって知ろうとする。こういう生活とその営みかたをながめるレンズとその焦点のあわせかたとは、民族によってそれぞれ違いがあるべきであって、日本人のそれに対してはアメリカ人に対するばあいとは違うという。そこに日本人に特殊なものを考えねばならぬ理由があるとするのであろう。そうしてその考え方には、或る民族に属する人々の個々の行動には互いに何等かの体系的関係があって、そこにいくつかの型（といふこの本の訳語をそのまま用いる）ができている、という根本的な仮定がある。この方法論と仮定とは、著者の文化人類学者としてのたちばから来ているのであって、単なる思いつきや感想を述べようとしたのではない、ということが知られる。

　この段落は複数の重要な事項に触れていますが、ここでは最も重要な事項だけに注目します。それはベネディクトが「レンズとその焦点の合わせ方」という比喩を用いるに先立って設けた前提です。彼女は確かに「我々が物を見るときに必ずそれを通してする眼球を意識することは困難である」と言いました。彼女は、この本を理解しようと思ったら人間の無意識の領域に考え及ばなければならないということを暗示したのです。津田はそれを理解しませんでした。そして理解しなかったのは彼だけではありません。理解した人はほとんど居ませんでした。物を見るときに人間の眼球は瞳孔の大きさや水晶体の焦点距離を変化させますが、それを意識的にする人は居ません。必ず無意識的にします。彼女はその

ことを言ったのです。念のために付け加えておきますが、その「無意識」あるいは「意識することは困難」という点を飛ばしてしまうと、「レンズとその焦点の合わせ方」という比喩を持ち出しても読者は望遠鏡か、顕微鏡か、カメラ（1940年代のもの）の使い方ぐらいしか連想せず、したがって人間の意識の範囲から一歩も離れません。津田は「無意識」という鍵概念に全然気が付かなかったのです。他の読者たちと同様、これでは『菊と刀』を読んでも門前の小僧の程度を超えることは出来ません。

7・4・2 狡猾な態度

「外国人の日本観について」の最大の問題点は前項で解説しましたが、そのエッセイの問題点はそれで尽きているわけではありません。本項以下ではその他の問題点を採り上げます。次に掲げるのは、そのエッセイの最初の段落です。

　　『菊と刀』という訳本が出たことを新聞の広告で知り、書名に心が引かれて読んでみようかと思っているところへ、或る人からそれを贈られた。とりあえずその一章を読むと、予想とは少し違った感じがしたが、かなりおもしろい本のように思われた。と同時に、著者の考えようとすることがここに書いてある方法でまちがいなく考え得られるかどうか、気つかわれもした。著者の取ろうとした方法は、一応は肯われるとして、また考えるについての用意というか、心がまえというか、そういうことにも概して妥当なところがあり、その態度もまず公平と

言ってよいとして、心配になるのは資料とその取扱い方である。もしそれが十分でなかったり正しくなかったりするならば、せっかくの方法が方法としてのはたらきをしないことになるのではないか、と思ったのである。しかしその時には引きつづいて第二章以下を読むひまが無かったので、一年余りもそのままにしておいたのを、近頃やっとそれを通読することができた。そうして不幸にもこの心配が無駄ではなかったことを知った。それでそのことをここに書き、又その本を読むにつれて平素考えているいろいろのことが思い浮かべられたので、その一つ二つを言い添えてみようと思う。

「釈迦に説法」という諺を思い出させるような発言がいくつかありますが、そういうものに手間をかけないことにします。

第2行目にある「ある人」というのはたぶん石田英一郎でしょう。石田が『民族学研究』の特集記事『「菊と刀」の与えるもの』の執筆者の一人として津田を考えたのは十分にあり得ることです。しかしそれは、津田の方から見るとありがたくない話でした。そういう、どこにも前例が見当たらない研究は、褒めても貶しても強力な反撃の可能性があります。そういうことを考えるなら、ここは「触らぬ神に祟りなし」で行くのが無難だと思ったのでしょう。それで彼は、たぶん、何か理由を作り出して執筆依頼を断ったのだと思われます。そして翌年になって刊行された学会誌特集号を見ると、『菊と刀』を支持する意見を述べた人は少なく、大半は批判

的態度を示し、中でも和辻という大物が激しい勢いでベネディクトを攻撃していました。多分津田はこれを見て安堵したのでしょう、早速和辻の尻馬に乗りました。それがエッセイ「外国人の日本人観について」です。

7・4・3　ベネディクトの能力も、『菊と刀』の価値も貶める態度

　津田はベネディクトに対しても『菊と刀』に対しても、更に文化人類学の在り方まで、冗長な文章で根拠薄弱な批判をしました。ひとまずその例をご覧いただきましょう。

　　第一に著者が、アメリカにはいるが日本に育った人々について直接にいろいろな知識を得たらしいこと、またいくらかの日本の映画も見ていたことにきがつく。またニトベ氏やスズキ氏のごとき、明治時代以後の日本の学者の著述を利用していることがわかるが、これらはみなアメリカ語で書かれたもののようである。エド時代以前の学者の思想としてモトオリ　ノリナガの説、伝説として四十七士の物語など、また明治時代以後のもの、例えば軍人勅諭、小説としてナツメ氏の『ぼっちゃん』の類が引用してあるが、それらはもちろんアメリカまたはヨウロッパ人の著作や翻訳によって知ったのであろう。日本の歴史や、今日の一般民衆の生活状態、政治上の形勢、などについても、やはり同様である。これらは引用書の記してあるばあいから類推せられる。最近の戦後の日本人の行動がアメリカ人の報道と観察によったものであることは、いうまでもあるまい。そこで次のことが考

えられよう。

　これを見ただけでも、津田が『菊と刀』の価値をできるだけ低く見えるように書こうと努力したことが分かります。その努力の一環として、彼はベネディクトのリサーチの範囲をできるだけ小さく見込もうとしました。「……これらはみなアメリカ語で書かれたものだけのようである」とか、「それらも多分アメリカ人またはヨウロッパ人の著作や翻訳によって知られたものであろう」そして更に「最近の戦後の日本人の行動がアメリカ人の報道と観察とによったものであることはいうまでもあるまい」などという表現はすべて根拠の無い想像にすぎません。根拠も無いのになぜそんなことを言ったのかというと、次のことが言いたかったからです。

　　第一に、その資料は、著者の研究にとっては、あまりにも貧しくはないかということである。著者の接触した日本人の言行とアメリカ語またはヨウロッパ語で書かれたものとに、限られているからである。

　よくもまあヌケヌケとこんな嘘が吐けたものだと呆れます。自分が勝手に想像した事を判断の根拠にするなんて、仮にも学者と言われる人がする事ではありません。津田は暗黙の裡に、ベネディクトが日本文化の研究を、資料の収集を含めてすべて一人でしたという、誰にも承認されない仮定を設けたのです。これは、研究が小規模で有力な支援者もなく、彼女が一人で何もかもしなければならなかったのならそうか

もしれませんが、津田がそういう状況を考えていたとすれば
あまりにも馬鹿げています。もしそうでないとしたら読者を
甚だしく愚弄していたのです。

　彼女はアメリカ合衆国政府の仕事をしたのです。政府が、
彼女の手足となって働く人員を必要なだけ付けるのを惜しむ
はずはありません。その人たちを縦横に駆使すれば、何語で
書かれたものであろうと、すべて英語に訳されて彼女の机に
山積されたでしょう。この程度の話なら学者でなくても考え
られます。あまり人をバカにしてはいけません。
『菊と刀』は、決してそこに明示された資料だけで出来上
がったのではありません。小学生のレポートじゃあるまい
し、参照したもの全部を書き上げたりはしていません。こう
いうことについては言い出せば限りがありませんのでその辺
についてはこれだけにしておきます。

7・4・4　天皇をめぐって

　津田が天皇の立場に関するベネディクトの記述を批判した
文は次の通りです。

　　　或はまた日本の天皇が神聖首長であり、その身体も聖
　　なるものとせられているのは太平洋諸島の首長と同じで
　　ある、というような観察は、実情を知らないからでもあ
　　るが、上にも言ったような意味で文化人類学というもの
　　の取り扱い方によって煩わされたところがあるらしい。
　　日本の天皇が宗教的な意味において神聖な存在と考えら
　　れたようなことは、昔からかつて無い（このことについ

てはいろいろの場合に幾たびもいったことがある）。著者がどうしてこういう誤解をしたかはよくわからないが、或は長い間政治に関与せられなかったにかかわらずその地位を保たれたために、宗教的権威でももっていられたように思ったのかまたはエド時代において宮中深く坐して煩瑣な礼儀による尊敬を受けていられたことから憶測したのか但しは神聖にして侵すべからず（これは天皇に政治上の責任を負わせないという意義）と書かれている憲法の条文などに示唆せられたのか、そういうことではないかと思われる。しかしいずれにしても当たらぬことではある。（将軍を世俗的君主とするに対して、天皇を心霊的君主とする考えはエド時代に書かれたヨウロッパ人の著書にもあるが、この本の著者がそれによったかどうかはしらぬ。）

　なほ天皇については、長い間、宮中に幽閉せられていられていたとか、実権を奪われまたは剥奪せられていたとか、いうこともいっているが、これも妥当ないいかたではない。こういういいかたの根底には、多分、君主というものはその権力を用いることによって存在する、という考えがあると思われるが、日本の天皇には遠い昔からみずから権力を用いられない習慣があって、政治上の実権をもたれないことは天皇の存在には何の妨げも無かったのである。従って極めて僅少な二、三の例外を除けば、天皇は実権をもとうとせられなかった。これが歴史上の事実である。エド時代において宮廷の外に出られないような習慣がその中頃から生じたことには、幕府の

政策もはたらいたに違いないが、それのみではなく、そのことみずからにいろいろの歴史的由来がある。また天皇には、みずから身を持することを謹厳にすべきであるという伝統的な精神があって、必ずしも今人が考えるような行動の自由などを欲せられなかった一面のあることも、それをたすけたのであろう。一体に日本では、地位の高いもの、人の上に立つ者には、こういう心がけがあった。さてこれらのことは世界の多くの君主国にはあてはまらない。従って日本人ならぬものには、日本人でもヨウロッパやアメリカやシナの学問に囚われているものには、それがよく理解せられない。アメリカ人たる著者に上記のような考えがあるのもそのためであろうか。

　この引用文の最後の七行には重大な意味がありますが、津田は自分が書いたものの意味を全然理解していませんでした。しかしそのことについてはもう少し後で詳しく話しましょう。

　ここで言われていることは、ほとんどが『菊と刀』の第3章「各々ソノ所ヲ得」に対する苦情です。ところが津田は、ベネディクトが第3章で何を論じたのかという点には一顧も与えていません。ここに引用した二つの段落の第一のものでは、天皇をオセアニアのいくつかの民族の神聖首長（Sacred Chief）と比較したのがいけないと主張されており、その理由とされたのは、天皇は何時の時代にも宗教的意義において神聖な存在ではなかったということです。天皇が宗教的存在でなかったというのは、宗教とは何かという議論が絡むかも

しれませんが、一つの見方としては正当でしょう。だが、それが何だというのでしょう。ベネディクトは、第3章では宗教のことを全然問題にしていないではありませんか。そこで問題にされているのは、階層制度に対する日本人の信頼です。その階層制度の頂点は、武士の棟梁が政権を掌握していた数百年のあいださえ、建前としては天皇であって、将軍は天皇に任命されるという形式をとっていたということが解説されているのです。そしてそれに似た制度を世界に求めたときに、ようやく見つかったのがニュージーランドほかいくつかの島々の神聖首長制だということにすぎません。その聖首長たちが宗教的権威を備えていたが日本の天皇はそうでないというような事は、階層制度への信頼を強化するわけでも傷付けるわけでもありません。

　下の段落で言われていることは更に空疎です。要はベネディクトの物の言い方が気に入らないというだけのことです。尤も、その段落の末尾には、先程も言ったように、無視し難い問題がありますが、それについてはもう少し先で話題にしましょう。

　津田はベネディクトが人間の無意識を問題にしていることに気が付かなかったので大きい間違いをしました。ベネディクトは無意識、それも個人的無意識でなく、集合的無意識を追究するユング心理学を駆使したので津田はそれに対応することができず、マゴマゴするばかりでした。

　　　以上は一つ一つのことがらについての観察に対していったのであるが、そういう観察によって構成せられた

　総括的の見解に至っては、なおさら妥当ならぬものがある。そうしてそれには、異質ないろいろのことがらを、その根底に一貫した精神があるものとして、体系づけようとする態度から来ているばあいが少なくない。歴史的に時代を異にしていることがらを混一して考えているのもそれであるので、日本人は悪の問題を人生観とし承認しないということをいうのに、古代人の荒魂和魂の考や現代の物語の或るものによってそれを証しようとしたのも、その一例であり、四十七士の説話に現れている思想を現代人も有っているように思ったり、「義務」という明治時代になって新たに造られた語と「義理」というエド時代から用いられている語とを、本来並存したものであるかの如き考え方で、そのはたらきを対照させたりしているのも、同じである。或はまた禅の教えとか、モトオリ　ノリナガの説とか、またはナツメの『坊ちゃん』に書かれていることとか、そういう特殊の思想を日本人に普遍なもの、一般にいきわたっている生活気分であるごとく取り扱っているようなこともある。皇室に関することにもそれがあるので、忠君と言い皇恩ということを考えている場合でも、その一例である。

　ここで津田は数件の事項に関するベネディクトの取り扱いが妥当でないとしていますが、その理由は二種類あります。第一は、荒魂和魂の考え、神話、四十七士物語、江戸時代からる「義理」という言葉および明治時代にできた「義務」という言葉に関するものであり、「歴史的に時代を異にしてい

ることがらを混一して考えている」とされています。第二は、禅の教え、本居宣長の説および『坊ちゃん』に関するものであり、この方は「特殊の思想を日本人に普遍なもの、一般に行きわたっている生活気分であるごとく取り扱っている」と言っています。そして最後に挙げられた「忠君」と「皇恩」は、この段落では説明されていませんが、すぐ後の段落に説明があり、津田はこの最後の二つの事項だけについてやや立ち入った説明をしているのでそれを見ておきましょう。そしてそれについての検討は後に続く論述でいたしますから、それでご理解いただけるでしょう。

　　忠君というのは、本来、俸禄を与えるものと与えられるものとによって成り立つ君臣の関係において、臣の君に対する道徳的責務を言うのであって、一般民衆には交渉のないことであり、君恩というのも、そういう臣が君から禄を受けて衣食し、またはその他の方法によって特殊の愛護をうけていることをいうのである。これらの語とその意義とはシナにおいて形つくられたものであり、日本においても昔からその意義で用いられていたが、エド時代の大名即ち封建君主にたいしてその家来すなわち臣下のもつ道義観念もしくは情義にもそれがあてはめられた。ところが国家の統一せられた明治時代になって、一部の政治家または学者が、これらの語を君臣の間柄とは性質の全く違っている国民の天皇に対する関係に適用し、それによって新時代の道徳の教条を立てようとした。長い間封建制度の下に生活していた彼らの心理とし

ては、これも無理のないことであったと、いちおうは考えそうしてそれが公式に採用せられるようになった。併しこうなると、その語の意義は変わらなければならないのに、そのことが明らかにせられず、因習的に旧来の考え方が持続せられているために、それが混乱もし曖昧にもなり、これらの語が何を指すかがわからなくなった。事実、一般国民は、むかしの武士とはちがい、その日常の行動において一々忠君ということを考えているのではない。また皇恩ということについていうと、之もまた事実、一般国民は、むかしの武士とはちがい、その日常の行動において一々忠君ということを考えているのではない。また皇恩ということについていうと、之もまた事実、一般国民の日常の生活においては、特に恩というべきものを皇室から受けていると思いはしない。ただ皇室によって統一せられている日本の国民であることによってその生活が営まれている、という意味において恩を感じはしようが、それは太陽の光の下に或は土地の上で生活することによって、その太陽や土地の恩恵を感ずるのと大差のないものである。（恩という観念はかかる場合にも成り立ち得るし、事実、そういういいかたがせられている。しかしこれには報恩の観念は伴わない。）また君恩の万分の一を報ずるとか報じ得ないとかいうようなことはシナ伝来の思想を誇張したいいかたであって、言葉の上だけでの話である。だから、これ等の話は、よしそれが道徳的教条として示されたとしても、国民の日常の生活気分を表現したのではない。それによって日本人

の現実の道徳生活を考えるのは見当違いであって、区別して見るべきことを混同したものというべきである。そうしてそれは、日本が明治時代に入ってから政治の上にも文化の上にも大なる変化が起こり、それがために思想的にも異質のものが混在していることを、よく考えなかったからであろう。日本人の皇室に対する感情は、そういう教条とは違って上に言ったような性質のものである。

　筆者は先程本書の7・3・2項で1945年秋に連合国軍の日本占領政策に大転換が起こった経緯について述べましたが、上の文を見た限りでは、津田はそれに全然関心を持たなかったようです。当初の占領政策がそのまま実行された場合には、多分、昭和天皇は絞首刑に処せられたでしょう。その方針が撤回され、天皇は戦争犯罪とは完全に関係なしとされましたが、そうなるについては天皇の恥の文化的行動と多数の国民の一致した激しい天皇敬愛の行動があったことを忘れてはなりません。この場合、天皇はもちろん恥の文化を意識していませんでしたし、人々も当初は自分が天皇をもみくちゃにする群衆の一人になるとは予想していませんでした。どちらも効果を考えての意識的行動ではなかったのです。それが占領政策の失敗とそれに伴う混乱を避け、戦後の日本の再建を可能にしました。

　津田の文には欠点がいくつもあります。例えば明治以前の時代については江戸時代ばかりに気を取られて誰でも知って居る古事を失念するという、学者らしくないミスをしていま

す。一つ例を挙げると、「忠」の概念の説明に武士の俸禄ばかりが重く見られ、あたかも江戸時代より前には忠が問題にならなかったかのような印象をあたえていますが、それは結果から見ると平重盛の有名な諫言「忠ならんとすれば孝ならず、孝ならんとすれば忠ならず」を否定し、また万葉の歌人たちが「大君」を讃えた心を蹂躙するようなことになっています。そればかりではありません。応仁文明の乱の後、全国各地に群雄が割拠して覇を争った時、その各雄者はそれぞれ独自に上洛を志しました。彼らは何を求めたのですか？　足利氏を排して天皇から征夷大将軍あるいはそれを凌ぐ官職を得るためではありませんか。そのためには形だけにもせよ忠君の行動が必要でした。織田信長も、豊臣秀吉も、徳川家康もそれをしました。それを欠いては不忠のそしりを受け、全国の武士に号令できないからです。しかし津田の説ではこういうことは説明できません。

7・5　ベネディクトはどうしたか

　ベネディクトが研究したのは意識を超越した領域での精神の在り方です。第5章で既に言ったことですが、意識を超越した領域での精神の在り方が数千年の時間を隔てた文化に共通の特色を持たせた例さえあります。ある思想の根本にあるものが遠い祖先から無意識的に受け継がれた可能性があるのです。従って日本人が天皇に対して限りない敬愛を感じるのも、それに似た無意識的現象と言っても良いのかもしれません。そうであれば、天皇に対する日本人の敬慕の情は、もは

243

や理性の範囲を超越したものと考えなければ話になりません。

　津田は、自分とベネディクトが同じ言葉を使っているように見えてもそれがしばしば違うことを意味している場合があることに気が付きませんでした。このために、例えば量子力学で言う「波動」が水面の波のように上下方向の運動を伴うものを意味していると考えるのと似た誤解をしたのです。素粒子の場合にはそれを記述するために波動方程式が使われ、それ相当の回折、干渉等の現象も確認されています。これと比較するとき、文化における意識的現象と無意識的現象との間には波動方程式のような便利な媒介概念がありません。このためにベネディクトは誤解の生まれやすい道を通らねばなりませんでした。

　研究者が今まで誰一人立ち入った事の無い領域に踏み込んで発見したものにどういう名をつけるかは原則として自由ですが、すでに知られているものと関係があれば呼び方をそれに添わせることもあります。この場合にはたいていその発見を報告する文書に詳細な注記が含まれるか添えられるかしますが、ベネディクトは、それに気が付かないような人々のための注記をしませんでした。これは本書の「はじめに」に書いた事情があったからです。しかし今となってはもうそんなことを言って居られません。筆者は遠慮なく間違いは間違いとはっきり指摘します。

　彼女が「忠」とか、「恩」とか、「義理」等と呼んだものの本質は、いずれもそれまで知られていた忠や、恩や、義理などと言われていたものの範囲を大幅に超えるものであり、新

造語で呼ばれても良いものでした。しかしそういう所に新語を持ち込んだのではきっと誤解を招きます。それゆえ彼女は新しい概念と最も近い、古い語を用いたのです。筆者の眼には、例えば旧来の恩の概念と彼女の言う「恩」との間には、前者が無意識を全然考慮しておらず後者がそれを考慮しているという違いがあるので、まるでネズミとヌートリア程の違いがあるように見えます。ヌートリアというのはネズミとは別種の動物ですが、それを見たことのない人に説明する際に分類学の専門用語を持ち出すよりは「ウサギ程の大きさのネズミ」と言う方が気がきいています。それで恩の拡張された概念を述べる際にも新語を導入せず「恩」（英文の中では *on*）で済ませたのです。もしそこに新語を導入してそれの概念や歴史的由来を厳密に論じたとすれば、読者をいたずらに混乱させ、かえって『菊と刀』の目的から遠ざかることになったでしょう。

　以上のことが理解されれば、ベネディクトの総括的見解は津田の秤で測ることのできないものであることがわかるでしょう。

8 カフリーによる評価とその限界

8・1 ベネディクト伝の冒頭における賞賛

　歴史家マーガレット・カフリーは1989年にベネディクトの伝記 Ruth Benedict; Stranger in this Land を著しました。以下ではそれを『ルース・ベネディクト』と呼び、副題を「この国の佳客」とします。カフリーはベネディクトの業績全体を高く評価しました。彼女の眼で見ればそれまでにミードやモデール等によって書かれたベネディクトの伝記および評価では飽き足らなかったのです。それを『ルース・ベネディクト』の「緒言および謝辞」の中で次のように言いました。

　　ミードもモデールも、人類学者としてのベネディクトを描いた。彼らは、ベネディクトとその業績を見るときに、ひとりの人類学者がもう一人の人類学者を見るという視点を採った。しかしベネディクトの業績は、人類学に源泉を持ちながらそれをはるかに超えて、巨大なアメリカのスクリーンの上でこそ価値を認められるべきである。

　これを要約するとミードやモデール等は井の中の蛙であったという事です。しかしカフリー自身もそう大きいことの言える人物ではありませんでした。もっと先を読めばそれが解

ります。

　　日本人に関するベネディクトの著書『菊と刀』（1946）
は、人類学者にとって興味深いものであるばかりでな
く、たぶん、アメリカの広範囲の指導性に対して影響を
及ぼしたという点で最も重要であった。その時まで日本
人という集団は、アメリカ人にとって最も理解しにくい
社会のように見えた。というのは、彼らの行動は、見た
ところ、アメリカ人がこれまで見てきた最も非人間的で
あったからである。ベネディクトは日本人がどうしてそ
のように振舞うのかをアメリカ人に説明すると同時にア
メリカの占領政策立案者に一定の影響を与えて、戦後の
国際社会に日本が復帰するための基礎を作ることを助け
た。その本はまた日本と比較対照してのアメリカ文化の
基本的特色のいくつかをアメリカ人に示したし、その上
もっと深く吟味する価値のある文化分析に対する学際的
方法論の先駆ともなったのである。

　ここで注意すべきは、「アメリカの占領政策立案者」たち
がベネディクトの言う事を真面目に聞いていなかったために
もう少しで日本占領が大失敗に陥りかけたことがあるという
事実です。全国巡幸の旅に出た天皇を警護も無く三日間街頭
に曝すという不手際がありました。その三日間（昼間だけで
すが）天皇は歓迎の大衆にとりまかれてしばしばモミクチャ
になりました。もしそこに悪意を持った者が紛れ込んでいた
らと想像するとゾッとします。事のなりゆきによっては日本

を戦場としてアメリカと第三国とが戦うという事さえあり得たのです。ここに至ってようやく占領軍総司令部も事の重大さに気付き、四日目からは警護の兵を同行させました。ようやく日本と第一次大戦後のロシアやドイツとの本質的な違いが認識されたのですが、ベネディクトはもう何カ月も前にそういうことを見通していました。平凡なアメリカ人と彼女との頭脳の質の違いはカフリーの観察をはるかに越えていたのです。

8・2　ベネディクト没後40年の頃

8・2・1　政治の水準で

『菊と刀』刊行後半世紀近くを経てようやく「その後」が視野に収められるようになりました。もちろん一口に「その後」と言ってもそこには複雑多岐な問題が含まれていますが、ここでは詳細にわたる記述には及ばず、カフリーが記述したものの若干の側面を略述いたします。

　ベネディクトが連邦政府の企画による戦時研究に参加したことについて左翼の論客ラミスはそれを文化相対主義の放棄と考えて、支配者の論理に自らを委ねる行為であるかのように言いふらしましたが、カフリーの見るところによれば事実はその逆でした。『ルース・ベネディクト』の第13章「戦争の時代」には民主主義に関する一連の考察があって、それから次のことが書かれています。

　　1943年の夏に始まった戦争情報局での彼女の仕事は、

まさにそのことを実行する好機であった。彼女はそれを
自分の仕事からの挑戦と見て「政策立案者に世界の他の
所で行われているところのいろいろ異なった習慣や仕来
りを考慮させる」という事を書いた。

「そのこと」の内容は先行する二つの段落に盛られていま
す。それを短縮せずに引用しましょう。

　第二次大戦中のアメリカにおける民主主義の支配的の
アイデアは「るつぼ」で象徴されるもので、移民たちに
それぞれの出身地の方法をあきらめさせ、アメリカ化す
ることであった。ベネディクトも、ミードも、さらに他
の人類学者たちも、社会学者たちも、民主主義の新しい
アイデアを導入しようとした。差異を中和するのではな
く、差異を尊重し、道徳的な誇りの感覚と受け継いだも
のを保存するように奮闘した。彼らが恐れたのは、戦争
が終わってからアメリカ人が他の国々を扱う際に、アメ
リカの経験を標準的なものとしてしまう事であった。こ
れは、かつてのアメリカで行われた方法であり、諸外国
がどんな独自の価値や、経験や、それから期待を持って
いるかに関係なくそうなるべきであるという理由付けが
行われるのを彼らは目の当たりにした。彼らが緊急に必
要だと感じたのは、アメリカで行われたことが必ずしも
他の国でも行われなければならないとは限らないという
考えに向けてアメリカ人の心を開くことと、それから文
化的差異が尊重すべきものであり、又自分たちの運命を

自らの言葉で解明するためにも諸文化に注目する必要があると根気よく教え込むことであった。

　ベネディクトは、論文「戦後の世界における文化的多様性の認識」（1943）の中で、民主主義の思想と実践に関して、アメリカと、世界のそれ以外の部分の大方との間にある主要な差異を示唆した。長老会議によって導かれ、相互扶助と連帯責任のために組織された共同体的村落が、つまり個人でないものが、多くの国の基本単位であった。こういう別の基準によるならば、たとえアメリカ人には全体主義に見える政府であろうとも、公共の福祉の増進に進歩的に貢献するものならば、局地的であっても、民主主義と見做しても差し支えない。民主主義を達成することについてそれぞれの国が行う努力が成功したかどうかを判定する基準は、政府の形態ではなくして、一般的福祉を向上したかどうかということであった。諸文化の間の差異をよく知られたものにすることは、ベネディクトにとっては相乗作用に関する研究に優先させる必要のあるものになってきた。というのは、縁の下の力持ちとしての文化的差異の研究に対する喜びと尊敬の念が無くては相乗作用が国際的に存在することがあり得ないからである。

　読者の皆様は、この引用文に盛られた事柄が『菊と刀』に反映していることを容易に理解できるでしょう。たとえ、幣原喜重郎が言ったように、「明治天皇の憲法の御精神」が民主主義と一致すると考えられたとしても、それが国民の福祉

を築き上げていく道なら「無意味以下」などと考えてはなら
ないのです。尤も、昭和初期に実際に行われたことがそうで
なかったという問題はありますが……。

　しかしながら『菊と刀』が地元のアメリカで好評を博した
にもかかわらず、現実はベネディクトが考えたようにはなり
ませんでした。カフリーは第14章「最後の偉大な洞察」の
中で次のように言っています。

　　少数の人類学者がアメリカ政府と国際連合とに雇われ
　たが、一般的に言って人類学はアメリカの政策にたいへ
　ん有効であったとは言えない。1950年代と1960年代を
　通じてアメリカはベネディクトの警告に真っ向から逆ら
　う事 —— アメリカの価値観に他国を適合させようと試
　み、結局は高くつく国際的な結末がもたらされるのに、
　基本的な文化の差を無視すること —— をした。

　要するに『菊と刀』はアメリカ人にもろくに理解されな
かったのです。筆者の見るところでは、それは1960年代ま
でに限られた事ではありません。筆者はベネディクトの研究
が20世紀の学問の水準を大幅に超えていたからそうなった
と言っても良いと思います。

8・2・2　学問の水準で
『菊と刀』を好意的に迎えた人は多数ありましたが、論敵も
また無視できない勢力を持っていました。論敵は既に『文化
の型』の段階からベネディクトの説に食い下がっていました

が、そればかりでなく『菊と刀』にも、彼女がその後に展開したプロジェクト「コロンビア大学現代文化研究」（略称RCC）にも異論を唱えました。

　なぜそういう事が起こったかについては、筆者の見るところでは、この本の「はじめに」に掲げた二つの要因のうち(1)が保守的な研究者を刺激したという事が先ず考えられます。第1章で既に言ったように、ベネディクトは『文化の型』の冒頭の段落で無意識を前提とする論述をしていながら「無意識」という言葉を使いませんでした。たぶん彼女は、そのうち誰かがこれに気付いて論争が起こり、誰が味方で誰が敵かを容易に見分けられるだろうと思ったのでしょうが、結局その論争は起こらず、信頼するに足る人物を見出せないまま他界しました。

　カフリーはそれと少々違った所に注目しました。『ルース・ベネディクト』の第10章「文化の心理学」の中にある次の文は、ベネディクトと、彼女に似た思想を持つゲシュタルト心理学者マックス・ワースエイマーとを併置して心理的特色を述べたもので、カフリーの本の第10章にあります。

　　彼らは、本質を見抜く眼を持ち、本質的な事柄に強い関心を示し、うわべを飾ることを好まず、孤独とプライバシーを愛し、他人に親切で寛容であるが偽善やうぬぼれに対しては厳しい態度をとり、自分が持たない才能を持つ人には率直に敬意を払う一方自分を賞賛したり崇拝したりする人たちには当惑し、時には嫌悪の情さえ表した。そして彼らは、欺瞞的な関係を断つために思いがけ

ない冷酷さを示すことがあり、他人の言う事を聞かない
傾向を持ち、雑談に無関心で、そのために他人の気を悪
くすることがあった。彼らには独自の「内面的衝突と葛
藤」があった。彼らを理解する人はほとんど居なかった
けれども彼らは多くの人々に好まれることが出来た。そ
して「まったくのところ、彼らはどこか遠い国から来た
人のよう」であった。

というのがカフリーの感想の概略です。
その章の結びの段落は次の通りです。

　自己実現、文化的精神分析、それから心理学の意味で
の正常さといった主題に対するベネディクトの影響と、
そして彼女が心理学的方法とアイデアを探査した際のい
ろいろな道筋は、1930年代の心理学者、精神科医およ
び人類学者の間の複雑な相互作用を反映している。文化
とパーソナリティ派の人類学者たちは、個人パーソナリ
ティに関連した心理学的方法論を採用してそれらを文化
に適用しようとするか、または根本においてベネディク
トの「特筆大書のパーソナリティ」のアイデアに基づく
ところの文化の概念を創造しようと試みるかした。多く
の点で彼らの業績は刺激的でありまた思考を掻き立てる
ものであった。しかしそれはまた幾人かの人類学者が行
きたくないと思っている考え方に人類学を導いていっ
た。

筆者が不思議に思うのは、ここに至ってもなお「文化の型」という言葉が現れない事です。カフリーは文化の型のことをすっかり忘れていたのでしょうか。もしそうだとすれば彼女には『ルース・ベネディクト』などという伝記を公刊する資格はありません。もし誰かが「ベネディクトの最大の業績は何か」と問うならば筆者は躊躇なく「文化の型の発見だ」と答えます。それはコペルニクスによる地動説の開発やダーウィンによる生物進化の確認と比較しても決して見劣りしません。地動説や進化論は人間の精神の社会的性質を問題にしませんが、文化の型はそれを問題にするものです。そして、第5章で述べたように、それは迫り来る文明の危機に対処する際にはどうしても考慮せずには済まないものです。それに言及しないベネディクト伝などというものは、まるで大石内蔵助の登場しない忠臣蔵のようなものです。

　それからもう一つ言っておかねばならない事があります。カフリーは、『菊と刀』を論じたほとんどすべての人達と同様、『菊と刀』の第11章に触れませんでした。多分理解できなかったのでしょう。でもそれを無視したのではベネディクトが何のために日本を研究したのか分かりません。そこが理解できないならベネディクトの伝記を書こうなどと企ててはいけません。ベネディクト以外の誰が日本文化における禅の重要性に気付いたでしょう。世界中で日本人だけが持っている禅の精神が無ければ、ベネディクトが日本文化の型の一つとし、「刀」を以て象徴した「自己責任の態度」は成り立ちません。そして第二次大戦の終結はあのように整然としたものであったこと —— これは私たち日本人が世界に誇っても良

い歴史的事実です —— に説明がつきません。そして更に言え
ば、わが国が近世の二百数十年にわたる平和を保った記録
も、たぶん、この文化の型に関連する説明が必要でしょう。
こういう事に全然言及せずにベネディクトの伝記を書いたつ
もりでいるとはずいぶん能天気なことです。

おわりに

　現在文化の型を真面目に研究している人は極めて少数です。筆者はこの現状を憂慮します。人間が文化の型を研究しないからといって文化の型が無くなりはしません。たとえば仮に人間が気象学の研究をしなくなったとしても雨が降らなくなったり、嵐が起こらなくなったりしないのと同様、文化の型も、人間が研究するかしないかに関係なく社会の動きを支配します。私たち日本人は、第二次大戦が終わった時にそれを厳しく体験したではありませんか。中には和辻哲郎のように超鈍感な人も居たようですが、あの文化人類学的に極めて顕著な現象を無視するようでは、アメリカ軍による日本占領の成功を理解することさえ出来ません。

　勿論、筆者は現に行われている文化人類学の研究を否定する者ではありません。それはそれで独特の価値を持っています。しかしそれしか見ないというのは正しい態度だとは思いません。どこかの一地方に住む人たちの習慣が特異なものだというような知見は、その人々を含む大きい集団の特性を知った上で明らかにしてこそ価値あるものになるのです。そんなことは言われるまでも無いとお叱りを蒙るかもしれませんが、「大きい集団」としての「文化の型」を考慮した例がありますか？　あったら教えてください。

　ベネディクトによる文化の型論の開発は、コペルニクスによる地動説の開発やダーウィンによる進化論の開発と比較して勝るとも劣らない偉大な業績です。それらは皆人間の本質に関する古い認識を根底から改めました。コペルニクスは、

それまで信じられていた天動説が人間の住む地球こそ宇宙万物の中心であるという迷妄を払拭しました。ダーウィンは、人間が神によって作られた特権的生物ではなく、下等動物から進化して生じた種の一つに過ぎないことを明らかにしました。そしてベネディクトは、人間が社会を作るのでなく、社会が人間を作るという事を明らかにしました。人間はどういう社会によって作られたかによって成人した時にそれぞれ特有の思想を持つようになり、それに基づいて固有の文化を作り上げます。世界中に多種多様の文化が存在するのは、社会というものが多種多様であることを反映しているのです。そして大切な事は、その多種多様な文化のうち少数のものが価値を独占することがあってはならないという点にあります。ベネディクトは『文化の型』の末尾でこのことを強調しました。それは地球というものが宇宙の中で特権的であり得ないとするコペルニクスの説や、人間という種が生物の世界で特権的なものではないとするダーウィンの説と並行するものです。こういうことについてベネディクトが著述以外の活動においても尽力したことは本書の第8章に掲げられたカフリーの著書から窺うことが出来ます。

　ここに一つ、甚だ厄介な問題があります。もしある集団の文化の型の内に人類全体の生存を危うくするものが発生した場合にはどうしたら良いのでしょうか。第1章の末尾に掲げた文化の型の仮の定義③で言ったように、一定の立場から見て排除すべきものと見えるものであったとしても、ある社会の人々の心の本質にかかわるものをむやみに排除するわけにはいきません。ここに現代社会の最大の問題があります。

筆者が第5章の末尾で言ったことはこれと強く関連しています。日本は恥を知る人々の国であって「恥知らず」の国ではありません。だから他国を襲って多数の非戦闘員を殺しておいて、どこかの国の大統領みたいに、威張ったりはしません。外国人の中には日本軍も南京やマニラでは酷いことをしたではないかと言う人があるかもしれませんが、それは軍紀の乱れから起こった事故であって、作戦とは関係の無い事です。これと違って欧米諸国は、第一次大戦における毒ガス戦や第二次大戦における戦略爆撃、そしてその延長としての原爆投下は、明らかに非戦闘員に対する計画的な武力攻撃でした。私たちはまずこういう「恥知らず」の行為を追及することから始め、次いで環境破壊という、これも「恥知らず」の行為を採り上げるべきだと思います。勿論それで終わりではありませんが、その先のことは適当にタイミングを見計らって採り上げましょう。

　筆者はここで東洋哲学の偉大さを思わずには居られません。それを象徴するものの一つとして臨済の有名な発言があります。

　　道流、汝如法の見解を得んと欲せば、但人惑を受くること莫れ、裏に向い外に向って、逢著せば便ち殺せ。仏に逢うては仏を殺し、祖に逢うては祖を殺し、羅漢に逢うては羅漢を殺し、父母に逢うては父母を殺し、親眷に逢うては親眷を殺して、始めて解脱を得ん。物と拘わらず透脱自在なり。

ここには「殺」という字が6回も現れますが、ベネディクトはこれを'kill'と訳しました。しかしそれは誤解です。「殺」は英語の'kill'を意味する場合もありますが、そうでない場合もあります。「悩殺」「黙殺」あるいは「笑殺」という用法を思い出してください。それでも足りなければ野球の試合を御覧なさい。守備に就いた選手たちは相手チームの打者や走者を殺すために努力します。しかしそれは決して殺人事件になりません。上の引用文もそうです。仏も、祖も、羅漢も、父母も、親眷も、生理学的生命を奪われるのではなく、思想を打破されるのです。それゆえ現代では「キリストに逢うてはキリストを殺し、デカルトに逢うてはデカルトを殺し、ライプニッツに逢うてはライプニッツを殺し……」というように続けて西洋文明の独走を阻止しなければなりません。その先にこそ人類全体を視野に置いた解脱が成り立つのです。若しそれに失敗すれば、『こころ』の「先生」のように、心身共に死ぬことさえ避けられなくなるのを覚悟しなければなりません。

　ベネディクトが亡くなってから70年余になるのにこれらの問題が未だに放置されているというのはあまりにも情けない20世紀人の怠慢です。筆者自身について言えば、大学の工学部を定年退職してから始めた『菊と刀』研究で、誰の指導も受けずに約30年を費やしてこの本に掲げた知見に達したのですが、指導者を持たなかったことがかえって幸いであったと思います。これは多分稀有のことでしょうが、ベネディクトの業績が世界史上稀有であったからこそこういうことが実現したのでしょう。筆者の余命は多分十年に満たないでしょうが、命ある限りこの研究を進めたいと思います。

索　引

ま

や

ら

森　貞彦 (もり　さだひこ)

(生年月) 1932 (昭和 7) 年 1 月
(出生地) 神戸市
(主要な学歴)
　1955 (昭和30) 年 3 月、浪速大学 (現在の大阪公立大学) 工学部機
　　械工科卒業
　1997 (平成 9) 年 3 月、大阪府立大学 (現在の大阪公立大学) 大学
　　院人間文化学研究科学位取得退学
(学位) 博士 (学術)
(職歴)
　1955 (昭和30) 年 4 月株式会社帝国機械製作所に入社、遠心式ポン
　　プ設計技術者として勤務
　1960 (昭和35) 年 2 月自己都合により同社退職
　同年 3 月大阪府立大学に就職し工学部航空工学教室に助手として勤務
　1995 (平成 7) 年定年退職
(著書、いずれも単独著)
　1990年『文化と技術の交差点』(パワー社)
　1997年『清家正の製図論と思考様式』(パワー社)
　2002年『「菊と刀」再発見』(東京図書出版会) (この本は2006年にハ
　　ンガリー語、2007年に中国語に翻訳されて、それぞれの国で出版
　　された)
　2003年『みなしご「菊と刀」の嘆き』(東京図書出版会)
　2004年『日露戦争と「菊と刀」』(東京図書出版会)
　2010年『「菊と刀」注解　増補改訂版』上・下 (オンブック)
　2013年『文化の型研究のすすめ』(ブイツーソリューション)
　2015年『「菊と刀」の読み方』(東京図書出版)
　2016年『「菊と刀」から見渡せば』(風詠社)
　2018年『「菊と刀」の深層序説』(風詠社)

　　　　　　　　　　　　　　　　　　　　　　　　　　　　以上

文化の型再考

2024年5月21日　初版第1刷発行

著　　者　森　　貞彦

発行者　中田典昭

発行所　東京図書出版

発行発売　株式会社 リフレ出版
　　　　　〒112-0001　東京都文京区白山 5-4-1-2F
　　　　　電話 (03)6772-7906　FAX 0120-41-8080

印　　刷　株式会社 ブレイン

© Sadahiko Mori
ISBN978-4-86641-735-6 C0095
Printed in Japan 2024

落丁・乱丁はお取替えいたします。
ご意見、ご感想をお寄せ下さい。